東日本国際大学講演集 II

人間力を磨く

東日本国際大学東洋思想研究所——>編

昌平黌出版会

人間力を磨く　目次

はじめに

本年は、十八歳の人口が減少期に入ると言われている、まさにその年にあたっています。ここ数年は横ばい状態にあった十八歳人口がこれから減少の一途《いっと》をたどり、二〇三一年には一〇〇万人を切ると推測されています。ピーク時の一九九二年には約二〇五万人がいたとされる十八歳人口が半分以下になってしまうのです。まさに激減というほかありません。

教育に携わる私たちにとっては十八歳人口の減少は確かに深刻な問題だと言わざるを得ません。いたずらに手をこまねいているだけでは、私たちのような地方の小規模大学はいずれ淘汰《とうた》されてしまいかねないでしょう。

しかし、いわゆる「二〇一八年問題」は時代の一つの側面でしかありません。眼を世界へと転じれば、もっともっと大きな問題、文明的課題、歴史的課題がそこかしこに横たわっています。このたびの「平昌五輪《ピョンチャン》」では日本選手の活躍も相《あい》まって、多くの国民に大きな感動を与えるものとなりましたが、その一方で北朝鮮問題をめぐって日米韓の駆け引きが激しく交錯するという、国際政治の舞台ともなっていました。

私たち教育研究の関係者は、変転極まりない時代の動向を鋭く洞察《どうさつ》しながら、世界と日本、そして地域の課題と向き合い、その解決に向けて努力していかなければなりません。それも次代を担いゆく人材を輩出することと同様に、私たちの大事な使命であり、責任の一つだと考えています。本学に多くの研究所を擁しているのもそのためであります。

本学では、本年で三十回という大きな節目を迎える伝統行事の「孔子祭」、また授業の一環となる「人間力育成講座」をはじめとして、さまざまな機会を通して、国内外から一流の識者や各分野で活躍する著名人の方々を招いての講演会、シンポジウム等を活発に実施してきました。そして、そうした催しの一つ一つが、学生を触発するとともに、教職員の見識を高める貴重な場ともなってきました。

たとえば、いわき短期大学創立五十周年、東日本国際大学創立三十周年の佳節を刻んだ一昨年の記念式典では、小説家で戯曲家でもある柳美里《ゆうみり》さんが「福島に寄り添う私」と題して講演。東日本大震災以後、南相馬市に移住した柳さんは自身の体験を通して、「今苦しんでいる人に寄り添うためには、その場に行くこと、そして共に苦しむということが必要です」と語り、私たちに深い感動を与えてくださいました。

本書は、そうした数々の講演の中から代表的なものを選び、収録したものです。そのほか、本学の東洋思想研究所の研究成果を発表する『研究　東洋』の学術論文も一部収めています。

あの「三・一一」東日本大震災から早や七年――。震災直後の苦闘の日々を思い起こすたびに、「ピンチこそチャンス」との強い思いがふつふつと湧いてきます。前途に立ちはだかる困難の壁を断じて乗り越え、教育の大道を誇らかに歩んでいく決意です。

二〇一八年三月

学校法人昌平黌理事長　緑川浩司

My Way 未来を生きる君たちへ

人間力を磨く

西宮佑騎

東日本国際大学講演集 Ⅱ

◉西宮佑騎（にしみや・ゆうき）
1980年生まれ。東京都出身。法政大学国際文化学部卒業。アーティスト名はMicro（マイクロ）。2003年にハワイ出身のShen（シェン）と2人組ユニットDef Tech（デフテック）を結成。2005年、1stアルバム『Def Tech』が約280万枚の大ヒットとなり、インディーズアーティストとして初めて『第56回NHK紅白歌合戦』への出場を成し遂げる。2018年より東日本国際大学東洋思想研究所客員教授。

Def Tech Micro こと西宮佑騎と申します。今日はお招きいただきありがとうございます。人間力育成講座ということで、僕はすぐにぴんときたました。実はこの講座をお願いされる随分前に、「人間力とは」という一枚の紙をある先輩からいただきました。僕の紙はかなり使い込んでいるので黄ばんでいますけれども（笑）。人間力とは、十八個あります。ここで、みなさんに一つ質問したいと思います。

人間力の十八項目

ここにある十八項目の人間力の中で、今の自分はいくつ持っているでしょうか。「生命力、行動力、智力。決断力、体力、吸収力。遠心力、瞬発力、気力。破壊力、忍耐力、突進力。集中力、記憶力、説得力。包容力、経済力、指導力」（二〇秒あげます。）

さあ、十八のうちいくつありますでしょうか。五〇％以下だなと思っているものは入れないようにしましょう。そろそろいいかな。

ではこの中で、一つは持っているという人、手を挙げて。二つ持っている人。三つ。四つ。

〔そうして会場全体に一個から十八個持っている人までを順番に聞いていく。十八個あるという学生が二人ぐらい手を挙げたところで〕十八個すでにあるという方は、この授業をとる必要はないと思います。どうぞお帰りください（笑）。

まず生命力――生きる力。行動力――自分の行動力。智力――知性や知識、インテリジェンスですね。決断力――これは大切な力です。頭が良くてもスポーツがいくらできても決断できない人はいっぱいいます。体力――これはスタミナ、心の体力もこっちに入りますかね。吸収力――柔軟なスポンジのように吸収していく力。遠心力――遠いところまで自分の心を伝える力。会ったことがない人にまで届ける力。音楽や書籍、芸術にはこの遠心力があると思います。瞬発力、気力。破壊力、忍耐力、突進力。集中力――僕にはこれが欠けています（笑）。記憶力、説得力。

包容力、経済力、指導力。この紙を先輩からいただいた時「西宮は十八の人間力のうちいくつあるか」と同じように聞かれました。僕には生命力はありそうだな、吸収力もと。でもその時は五個にも満たなかったのを覚えています。そうしたら、その先輩が「これをすべて手に入れるためには、人に尽くせ」と。「自分だけの人生じゃない、人に尽くす人生こそが、自分の悩みやそのすべてを乗り越えていく方法なのだ」と教えてくださり、「人間力」を身につけなさいと、大事なアドバイスをいただきました。十代の頃の自分はほとんど持っていなかったように思います。だから、十個以上手が挙がった人、半分以上で手が挙がった学生のみなさんはすごいなと思います。

「人間力」

生命力・行動力・智力
決断力・体力・吸収力
遠心力・瞬発力・気力
破壊力・忍耐力・突進力
集中力・記憶力・説得力
包容力・経済力・指導力

音楽を中心に幅広く活動

僕は今、音楽を生業にしています。音楽を中心に俳優の仕事で映画や芝居、ミュージカル、また映画監督や他のアーティスト、アイドルグループのプロデュースワーク、ミュージックビデオの監督など幅広くやらせてもらっています。

今日このあと、ダッシュで帰ってやらなくちゃいけない新たな仕事の一つに、声優があります。めざましテレビの「紙兎《カミウサギ》ロペ」って知っていますか？「マジすか」が口癖《くちぐせ》の紙ウサギのロペと、声がケロケロしているリスのアキラが主人公の物語。実は二年前から声優として携《たずさ》わっています。主役二人以外の脇役は僕の声だったりします。知らない方も多いはずです。なぜならこの仕事に対してはちょっとしたこだわりがあって、自分の名前を出さずにやらせてもらいたかったんです。名前やステータスに関係なく自身の声を使ったお仕事をと月々日々《つきづきひび》に願っていたところ、二年前に「紙兎ロペ」のオーディションが偶然舞い込んできて、合格しちゃいました。おじいさん役とか、「西宮先輩」という黒豹の役（本名が出ちゃったよ笑）を含めて、十人以上の役を声を変えたりしながらやらせてもらっています。

趣味・特技はサーフィンです。幼稚園の頃からサーフィンを始めました。スケートボードもこの頃から。スノーボードもします。スキューバダイビングの免許も持っています。ラップを始めたのは小学校五年生くらい。DJは中学校三年生の頃から。音楽作りは高校生の時から。僕一人でこれほどいろいろなことができるようになるとは、十代の頃はぶっちゃけ予想もしていませんでした。今になってみると、それらすべてが仕事に繋《つな》がっています。楽しくて「仕事」と思ったことがあまりないんですが、この人間力を意識しながら、自分の可能性をどこまでも広げていきたいと願って生活し進んでいく中で、音楽を中心としてさまざまなことに挑戦しながら、新たな仕事をさせてもらえる自分自身へと変わっていきました。

プロサーファーを目指して

自分の過去を振り返ると、小学校の時、僕はいじめられっ子でした。家の中は父と母の仲がとても悪く、時には殴《なぐ》り合いの喧嘩《けんか》。夫婦喧嘩が嫌で、自分の部屋に閉じこもって耳を塞《ふさ》いでいた記憶が、幼少の頃を思い出そうとすると蘇《よみがえ》ります。学校に行ってもいじめられてしまう。なぜかと言ったら、スケボーで学校に行っちゃうお調子者だから。すると学校の先生も、おまえは何をやっているんだって怒《おこ》りだす。先生と生徒が全員敵。スケボーが怒られたから、じゃあ次はBMX《ビーエムエックス》で行こうといって、自転車で学校に行くとまた叱《しか》られる。言っとくけれど、学校まで約三、四百メートルくらいだから、自転車で通う距離ではなかった（笑）。そんなませた生意気な小学生だったから、周りからは奇異な目で見られ、ちょっと変わった子という印象を皆が受けたんでしょうね。髪の毛も、一番前のそこの席の女の子くらい。もうちょっと長かったかな。だから、余計にですね。格好も、今じゃ普通だけど、ハーフパンツにナイキのバッシュ。当時は誰も履いていなかったなぁ。

僕の父親がもともと東京で老舗《しにせ》のサーフショップを経営していて、日本で初めてサーフィンをしたレジェンドサーファーの中の一人。その父の影響が大きく、二十一歳までは音楽家になろうなんて全く思っていなかったんです。プロサーファーになるって頑張っていましたし。大学を卒業するくらいまでは、漠然とぼんやりしていました。普通の小・中学校に行き、高校も神奈川県の私立校で、そのまま法政大学に行けるから、エスカレーター式の高校に入った。勉強はしていたけれど、そこまで頭がいいわけでもなかった。親のすねをかじり倒して大学に行かせてもらって、マジで遊びほうけていた。サーフィンと遊び三昧《ざんまい》の高校・大学生活でした。

「九・一一」の現場に遭遇

二〇〇一年、みなさんは当時いくつぐらいですか？　生まれてない？（笑）その年の九月、ニューヨークを中心としてアメリカで「同時多発テロ」が起こりました。大きくなってからニュースを見た方もいると思いますし、一般で来られている方々の中には鮮明に記憶に残っている人も多いのではないでしょうか。アメリカの象徴であった貿易センタービルが爆破されて、アメリカとアフガニスタンの紛争が突如始まってしまいました。二〇〇一年、二十一世紀、「世界は平和の世紀になる」と言われていた矢先のことでした。

当時の法政大学の森村修《おさむ》教授がゼミ合宿で僕を含めた生徒十一名をニューヨークに連れて行ってくださった折のことでした。建築・アートの勉強をしたり、音楽のことを学んだゼミ合宿、前日の九月十日夜の九時半に何人かの友人と約束して、貿易センタービルに遊びに行きました。すると、「ここは九時でクローズ、三十分遅かったわねー。明日の朝また出直しなさい、夜は夜景しか見えないし、朝早く起きて、上でマンハッタンを一望しながら朝食をとるといいわ」と受付の女性に言われてしまい、渋々建物の前で記念写真を撮《と》り、明日の朝また絶対来ようと約束して、友人たちと別れステイ先に帰宅しました。（その写真を後で現像してみると、三人の体が透けていて半透明人間のようでした。）

その夜、もちろん僕らは二十歳を超えていますし、ゼミ生とお酒を呑《の》んだりわいわい楽しく盛り上がっていました。そのおかげでというのも変ですが、次の日の朝、当然のごとく僕は寝坊をしました。待ち合わせの時間に三十分ほど遅れて行き……すると真面目《まじめ》な友人たちも不思議とその日だけは遅刻してきたんです。三人集まり、歩き出すと、昇ろうとしているビルの片方が炎上しています。煙がわーっとなって燃え盛っているのが見えます。ところが、人間不思議なもので、あれ、こっちは燃えているけど、そっちのビルには昇れそうじゃない？　みたいな話になり、歩いてぐんぐん近づいて行きます。そうすると、貿易センタービルはアメリカの象徴ですから、見上げている道ゆく白人のおばさんたちや黒人のおじさんたちがガクガク震え上がっています。「オー・マイ・ゴッド！（何てことだ！）」とか言いながら、意識を失い次々と倒れていくんです。何百人という人がバタバタ失神していく、何とも恐ろしい光景でした。ガスか何かを撒《ま》かれているのではないかと憶測《おくそく》が飛び交い恐怖が襲うけれども、状況が全く把握できない。こっちは絶対昇れるからとか言いながら一キロぐらいのところで、「待って！　あの飛行機ぶつかる！」と咄嗟《とっさ》に叫び、貿易センタービルの二棟目の方に衝突間際、肉眼《にくがん》でも火に追われてビルから飛び降りている人たちが見えるくらい近い距離まで近づいていました。誰も何もできない。その直後ビルが爆発して、爆風を背中に感じつつ、とにかく走って北上するよう無我夢中で逃げました。二十一世紀、平和の世紀が目の前であり得ない爆発音をたてて崩れ去り、一瞬にして紛争の世紀へと変わりました。

この大惨事は当然、人生の大きなターニングポイントになりました。「九・一一」

以降、僕の心は、いや増して音楽・芸術で世界を平和にしよう、音楽で人々を幸せにしようと、強く思うようになりました。目前のテロを見てそう思ったのです。マンハッタンが封鎖され、閉じ込められて、水も二日間ぐらい飲めない、食べ物もろくに食べられない状況でした。「三・一一」東日本大震災の時は、日本人は偉いなと感じましたよ。あの状況であのようにコンビニに律儀《りちぎ》に並ぶ国民は日本しかいない。普通は暴動が起きちゃいますから。ニューヨークだって、我先、我先で、窓ガラスが割られているコンビニがあって、食べ物や日用品が盗まれていました。街中サイレンの音しか聞こえない。テレビも緊急のニュース番組しかやっていない。地下鉄に降りていこうとしても、またテロだ！　爆弾が仕掛けられている！　などの誤報が流れ、何千人も地下鉄からダッシュして押し戻される。当時、携帯電話は今ほど普及していないので、公衆電話には長蛇《ちょうだ》の列。安否確認のための電話もかけられず、日本の実家に知らせることもできない。とにかく悲惨な体験でした。

当時ニューヨークに連れて行ってくださった恩師、森村修教授が口癖のように言われていたことの一つに「人間、変わりたいなら、三つのことをしろ。大病、大難、大獄。死ぬほどの病気をするか、死ぬほどの難《なん》に遭《あ》うか、正しいことをして牢獄につながれるか。この三つぐらいのことに遭遇しなければ男なんかは特に変われない」とありました。学生時代はこの意味がよくわかりませんでしたが、同時多発テロを経験して以降、森村教授の思いを身《み》で読むことができ、今は痛いほどよくわかります。しかも僕の場合、寝坊したことで、たった三十分の時間のズレで、助かることができた。また僕は生かされたと実感したんです。お酒を飲んでいたことまでありがとう。夜更《よふ》かしをしていた自堕落《じだらく》な僕の生活までありがとうって（笑）。心の底からすべてに感謝できました。そうじゃなかったら本当に生きて帰ってこれなかったですからね。

Def Techを結成

どうにか、命《いのち》からがら日本に帰ってくることができ、この先どうしようかと真剣に悩みました。まわりを見渡せば皆、就職活動の波に揉《も》まれている。すでにインターンシップで仕事を始めている学生たちもいる。エリートコースまっしぐらの学生もちらほら。まだ何も決めていない僕は「音楽で自分の道を切り開く」なんて思っていたけれど、この時すべてが嫌になっちゃって、諦《あきら》めの気持ちが自分の心に蔓延《まんえん》していました。生活のリズムも崩れ、大病もしました。だけど、どう考えてもサラリーマンだけにはなりたくない。月曜日から金曜日までかた苦しいスーツなんか身に纏《まと》えないと。就職のこともいくつか考えたけれど、どうしようこの先、一体生かされてしまったこの命を何に使おうかと。ちょうどその時、高校・大学時代からの親友にハワイから音楽を目指してやってきたShen《シェン》のことを紹介してもらい、すぐさま意気投合しDef Tech《デフテック》を結成しました。二〇〇一年暮れのことでした。シェンもハワイ出身のアメリカ人だったから、テロのことは実にショックを受けていましたし、そんな中、二人で「世界平和の歌」を歌っていこうよと励まし合いました。今だからこそ、恋愛の曲なんかじゃない。当時もそうだけど、今と変わらず耳に入ってくるのは恋愛の歌しかなかった。ラジオ・テレビから流れてくる映画やドラマも音楽も、すべてが男の子と女の子のラブストーリーだらけ。僕らはそれに辟易《へきえき》していた。ラーメン屋で流れてくるラブソングなんか特にオエーッて感じです（笑）。

そんな不平不満ばかり、文句ばかりの僕を見かねてか、今度は他の先輩が、「そんな文句ばかり言っているなら、自分で音楽を作れ。自分が納得いく音楽を作って変えろ！　この世の中に不平があるなら、それを自分で不満がないように変えてしまえばいい」と厳しく言われました。ハッと目が覚める思いでした。そうだ、こんなウジウジ文句ばかり言っているぐらいなら、僕が聞きたい音楽を作ってやろうと。そして相方《あいかた》のシェンと日米合作、世界の恒久平和のため、自分の目の前の一人一人の人のために音楽・芸術を、人々の幸せのために音楽と芸術を作ろうと、もう一度真剣に取り組んでいく決意をし直して、大学を卒業し、僕たちだけの進路で、僕たちだけの音楽道を歩き始めました。

僕の「夢ノート」

それから三年は血と汗と涙の下積み時代がやってきました。相方のシェンは全く日本語が喋《しゃべ》れなかったので、彼の日本語が上達するのを待ちつつ、ライブも一週間で三十本くらい。通称千本ノック時代（笑）。鍛えてもらえた最高の時代でした。どこに行って歌っても恥ずかしくない、どんな状況でも音楽がかかれば、自分をすべてさらけ出し、全力でライブできる自分たちへと成長していきました。僕はこの頃から「夢ノート」というものを毎年更新しながら書き続けています。箇条書きで約百箇ぐらいです。夢ノートにはいろいろなことが書いてあります。たとえば〔当時の夢ノートの一部を紹介〕

☆マイケル・ジャクソンに会う。

☆バスケの神様、マイケル・ジョーダンに会う。
☆Def Tech ニューアルバム大ヒット　ツアー大成功
☆歌い手として日本人初ベストアルバム部門でグラミー賞を受賞する。
☆世界の5大賞を受賞する（アカデミー　グラミー　トニー　エミー賞　ピューリッツァー賞）。
と書いてあります。他にも
☆宇多田ヒカルさんと会う。できれば松任谷由実さんと同時に会う。
☆小説を書いて村上春樹を超える、ベストセラーになる。
とか書いていますね。生意気な夢です（笑）。小説の夢はいまだ叶《かな》いません。なぜなら小説を書いたことがないからです（笑）。
☆声優になる（ほら！　これ叶っているでしょう！）
いろいろな自分の夢をこうして箇条書きにして、あとはより具体的にしていくんですが、あれから十年、当時箇条書きにした「夢ノート」はほとんど叶っていき、横線を引いて消していきました。二〇〇八年マイケル・ジャクソンともお会いさせていただきました。彼が亡くなる前年に一緒に二枚ほど写真を撮ってくださいました。僕のフェイスブックにアップしているので、興味がある方は見てください。ここ最近、「ブルーノ・マーズに絶対会いたい！」とも書いておきました。ブルーノ・マーズ、知っている人？　来年四月（出版される頃には本年）にワールドコンサートのファイナルで日本に来日しますが、友人の紹介でブルーノ・マーズとも会えちゃいました。今年二月、東京でカラオケに二回誘ってもらえて（笑）。凄《すご》くない？　叶っちゃってますから。みんな、もうちょっとワーとかキャーとか言えない？（笑）　凄いことじゃない、だって！〔遅れて歓声が湧く〕ありがとうございます！

「宇多田ヒカルさんと会う。できれば松任谷由実さんと同時に会う。この傲慢《ごうまん》な夢！（笑）誰にも見せるつもりがないし自分の夢ですから、自分と他人が傷つかなければ何でもありです。実はこれもちゃんと叶いました。あるライブが終わったあとに、マネジャーが慌てて駆け寄ってきて、「宇多田ヒカルさんが楽屋に来られています！」と。「本当マジで？ 今日来てくれているんだ？」って言ったら、「それだけじゃないんです、松任谷由実さんも楽屋でお待ちしています」と。マジか！と。早く通してくれと楽屋に走ると、二人仲良くお話されていました。その姿を見てすかさず、僕は「この瞬間をずっと夢に見ていたんです、願っていたんです！」と叫んでしまい、お二人は「はあ？」とぽかんとした表情をされていました（笑）。

凄くない？ この夢ノート、僕も実践、実現中です。皆におススメしときます。夢ノートの中にはもちろん、夢のまた夢のようなことも書いてあるので叶ってないこともたくさんありますよ。大きすぎて叶わないような夢も、細かい目標も、単なる願い事も、全部まとまってあります。

栄光と挫折

Def Tech はインディーズなので、二人でメジャーの会社に所属したことはありません。いまだに相方のシェン、マイクロ、そこにいるマネジャーの加納くん、社長の四人を軸に愛情をもって力を注いでくださる他数名のスタッフと、十六年音楽の道を突き進んできました。下積み時代を終えた直後、人から人へと僕らの歌は広がり、さっき歌わせていただいた「My Way」という曲が入ったファーストアルバムは、二〇〇五年の中盤ぐらいにはミリオンヒットしていました。合計二百八十万枚のヒット。もう一枚出したミニアルバムが百万枚。翌年に出した『Catch The Wave』のアルバムが百五十万枚。着うたのダウンロード等を含めると、八百万枚の大ヒットとなりました。

二十四歳ぐらいまで、お金も何もなくて、毎日お袋から千円をもらってそれで暮らしていました。千円ブラザーズとか名付けて、僕の相方も千円をもらっていた。ふざけてるでしょう（笑）。それで吉牛《よしぎゅう》、メロンパン、カレーパン、吉牛で一日終わるんだよね。そんな生活を二十四歳ぐらいまで続けていたかな、バイトもしていたけれど、この性格だからなかなか続かない（笑）。そんな青年たちが、いきなりの大ヒットです。インディーズ初で年末の紅白歌合戦にも出場させていただきました。ミュージックステーションやテレビ・ラジオ番組の数々の出演、ある時なんかはインタビュー何十本と大統領並みで、十分刻みのスケジュールとかありましたからね。当時、僕は、ヒットすることが成功することで、成功＝幸せだと思っていました。その後ヒットの理想と現実に直面します。

大ヒットして、成功と思っていたものをつかんでみたら、相方シェンとはもう口を聞けないぐらいの不仲に。楽屋では目が合った瞬間に一触即発ぐらいの、お互いにぶっ飛ばしてやるってぐらい殺気だった空気。二人のエゴが止めどなく溢《あふ》れて、今まで我慢してきたことが、もう耐えられなくなって、傲慢な命がどんどん噴き出てきて。そうするとどうなるか。アルバム制作のレコーディングの際も、一時から五時まではシェン、一時間ずらしてすれ違わないようにして、六時から十一時がマイクロの時間でレコーディングをする。全国ツアー中も、彼は鍵を閉めたまま部屋からリハーサルと本番以外は出てこない。ステージ上だけで会う。プライベートでも一切連絡を取らなくなり、たまに電話してみると、ツーツーと、話中なんです。ずーっと話中。三年くらい経ってわかったんですけど、あれが着信拒否ってやつなんですね（笑）。

そうこうしている間に、あっという間の解散です。デビューからたったの二年。光の入射角と反射角みたいな、同じ角度でまっさかさまに落ちていくのがわかりました。彼とも連絡が一切取れない。二人にとって三年の空白がどうしても必要だったんだけれど、本当に心が寂しくてどうしようもない三年間でした。友人からの裏切りにも遭いました。この期間にさまざまな人間模様を見ることができて、僕個人としては大変勉強になりました。富《とみ》は得たかもしれない。名声《めいせい》も得たかもしれない。けれども、僕が一番大切にしていたDef Techが終焉《しゅうえん》を迎えてしまった。一番仲良くしていた相方と金輪際付き合いがない。ものすごく不幸を感じました。心にぽっかり穴が空いている状態が永遠に続いていくようでした。

ピンチをチャンス＝チャレンジ＝チェンジに

でもその時に、悩み抜き、自分と向き合い、今こそチャンスだと。ピンチはチャンス。チャンスはチャレンジ。チャレンジはチェンジ。今この時こそ大事な人間力をつけなければいけない。もしまたシェンと一緒にDef Techをやれる時がくるなら、その時までにもっと成長して、ここに書いてある「包容力」で彼のことを包み込みたい。「遠心力」でハワイにいる彼の心を動かしたい。僕に「忍耐力」がなかったから、もう一度Def Techをやっても壊してしまう。また同じことの繰り返しになっちゃう。

説得力、記憶力も全くよくなくて、ファンの方にも「私のこと覚えていますか?」「覚えているよ」「名前は?」「名前……」「覚えてない……」「もういい」とか言われちゃったりして。一人一人のことを絶対に覚えようと努力と知恵を絞りました。

どこで会ったか。名前まではギリ思い出せなくてもあそこで会ったよね、あそこでああいう会話をしたよねって、情景を覚えるようにして、今では何千、何万の人のことを覚えられるようになったと思います。

音楽のおかげでたくさんの人に出会う中、今こそ人間力を身につけようと思って、自分を見つめ、向き合いながら夢ノートを書き進めて実践していく中で、ある映画のプロデューサーから突然、電話がかかってきました。解散した直後のことです。「解散したんだろう」と。「おまえ、映画を撮れ、映画監督をやってくれ」と。やったことないんですけどとか言ったら、「短期間で栄枯盛衰を味わったおまえの目を通した映画を撮ってほしい」と。ちょっと考えさせてくださいとか言いながら、悩み抜いて、右も左もわからないけれど、映画監督だって何だってやらせてもらおうと決断しました。自分の可能性を広げていくためにも声優をやりたい、俳優をやりたい、音楽ビデオの監督をやりたいと次々挑戦してきました。

決意の瞬間に人は変わる

サーフィンも、スケートボードも、二〇二〇年東京五輪の正式種目となりました。気がついたら、何もなかった僕が、人前でこうやって話をさせていただけるようにもなった。説得力があるかどうかはわかりませんが、確実に人間力の数が増えました。音楽を一生懸命やっていく中で、こんなちっぽけな僕でも、たくさんの夢を描いて、それを実現していける自分へと変化してこれた。僕も三十七歳、まだまだ人生半ば、人生八十年とすれば、まだ半分も達していない。

この十八項目の人間力をすべて持っている人、誰か身近にいますか。十八を全部持っているという友達や知り合いの方いますか。

東日本国際大学、そしていわき短期大学、とても素晴らしい学校じゃないですか。ここで一生懸命学び抜いてください。僕がここで話していることは僕にしかできないことを語っているわけではない。みんなが一人一人、「人間力を身につけていく！」と、ここで決心してください。「よし、変わろう！」と決意した瞬間に人は変われます。僕なんかよりもっとすごい人材に育っていかれることは間違いありません。それを断言させていただいて本日の講義を終了したいと思います。ご静聴ありがとうございました。

（二〇一七年十二月二日「人間力育成講座」にて）

福島に寄り添う私

柳美里

人間力を磨く

東日本国際大学講演集 II

◉柳　美里（ゆう・みり）
1968年生まれ。小説家、劇作家。横浜市出身。高校中退後、東由多加率いる「東京キッドブラザーズ」に入団。演劇活動を経て93年『魚の祭』（白水社）で岸田國士戯曲賞を最年少で受賞。97年『家族シネマ』（講談社）で芥川賞を受賞。2012年より南相馬市の臨時災害放送局・南相馬ひばりエフエム「ふたりとひとり」のパーソナリティを務める。
著書に『フルハウス』（文藝春秋、泉鏡花文学賞・野間文芸新人賞）、『ゴールドラッシュ』（新潮社）、『雨と夢のあとに』（角川書店）、『ねこのおうち』（河出書房新社）など多数。

居場所のないひとのために書く

いわき短期大学五十周年、東日本国際大学二十周年、おめでとうございます。実は、今日は私の四十八歳の誕生日でもあるんです。

〔会場から拍手〕

ありがとうございます。先ほど記念式典が始まり、いろいろな方が「おめでとうございます」と挨拶をされるたびに、自分の誕生日を祝ってもらっているようで、勝手に嬉《うれ》しくなっていました。

本日の会場は、いわきアリオスです。私はてっきり東日本国際大学で講演するのだと勘違いしていたので、驚きました。私の高校二年生になる息子は、南相馬市内にある福島県立原町《はらまち》高校の吹奏楽部の一員なのですが、原高の吹奏楽部は結構強く、福島県大会では、ここアリオスで演奏して金賞を受賞し、私もみなさんがいま座っている客席で応援をしていました。

私が、福島県浜通《はまどお》りを初めて訪れたのは、二〇一一年四月二十一日のことです。原発から半径二十キロメートル圏内が警戒区域に指定されるという発表をテレビで見て、「閉ざされる前に見ておかなければならない」と思い、当時住んでいた神奈川県の鎌倉市から、こちらに向かいました。楢葉《ならは》の検問所から二十キロ圏内に入り、富岡《とみおか》、浪江《なみえ》、大熊《おおくま》、最後に東京電力福島第一原子力発電所の正門前に至り、零時を過ぎていたので再び検問所から出ました。

その年は、五月の連休に浜通りを再訪して、七月に規模を縮小して行われた相馬《そうま》野馬追《のまおい》を観覧し、年末年始を南相馬で過ごしました。そして二〇一二年の元日に、南相馬の臨時災害放送局のディレクターである今野聡さんと原町のココスでお会いしたのです。「何か番組をやってもらえないだろうか」という依頼を受け、「地元の方からお話をうかがうレギュラー番組の聴き手をやりたい」とお答えしました。そうして、毎回地元の方お二人のお話をうかがう「ふたりとひとり」という番組が始まったのです。「ふたりとひとり」は、毎週金曜日夜八時半から放送されているのですが、先日、二百七回を迎えました。毎回二名なので、既に四百名を超える方々のお話を収録したことになります。

「なぜ柳さんは、南相馬に関わるようになったんですか?」という質問をよく受けます。理由はいくつかあります。

一つは、母が福島県南会津郡只見町《ただみまち》で中学・高校時代を過ごしたという縁があります。只見町というのは、ダムの町なんですね。只見ダム、田子倉《たごくら》ダム、奥只見ダムという三つの大きな発電ダムがあります。母が十代の頃に、ちょうどダム開発で土地が買収され、集落がダムで沈むということが起きたのです。母は同窓会があるたびに、私たち子どもを連れて只見に帰っていたんですが、ダムの淵《ふち》に立って説明してくれた話を鮮明に憶《おぼ》えています。母は水面を指差して、見えない風景を説明したのです。あの辺りには、小学校があって、家があって、水が透明な小川が流れていて、小高い丘があって、大きな桜の木があった、と。子ども心に、人の暮らしが奪われるというのは悲しいことなんだな、と思いました。ですから、原発事故によって半径二十キロ圏内が立ち入り禁止になると聞いたとき、私の脳裏には、見ることのできなかったダムの底の田子倉集落が浮かんだんです。ダムの底の村は見ることができないけれど、「警戒区域」に指定される前だったら、原発周辺地域は見て歩くことができる、と。

もう一つは、私が在日韓国人であるということに関係しています。私の母は、朝鮮戦争によって生まれ育った村が戦火に包まれ、日本に逃れてきました。戦争と原発事故という要因は異《こと》なりますが、ある日突然、住み慣れた町や家、そこに暮らす人々と離れなければならないという経験は同じだと思ったのです。

書くことを仕事に選んで三十年になるのですが、十代の頃から、「あなたは何のために書くのですか?」と質問されるたびに、「私は居場所のないひとのために書いていています」と答えていました。日本人でもない、韓国人でもない、在日韓国人という立場であること。両親が離婚をした崩壊した家族に育ち、家庭に居場所がなかったということ。さらに、高校一年のときに退学処分になり、学校に居場所がなかったということ。こうした状況の中で、私は戯曲、小説、物語の中に居場所を見《み》出《いだ》したのです。私は居場所がないから物語を書く人になった。そして、居場所のないひとのために物語を書いているのです。

原発事故が起きて、多くのひとが居場所を奪われたことを知り、まったく他人事《ひとごと》ではない、自分事として、その痛みと苦しみを引き受けたい、と思ったのです。

他者との関わりの中で始まり終わる人生

さて、この「ふたりとひとり」というラジオ番組に今まで出演された方は、原《はら》ノ町《まち》駅の駅長さん、警察署の方、学校の先生、中学生、高校生、クリーニング屋さん、うどん屋さん、海苔《のり》屋さん、魚屋さん、といった、町を構成するありとあらゆる人たちです。

私は、聴き手に徹しています。

聴くという行為を、受身のように思われている方も多いのではないでしょうか。実は、相手の声に耳を澄ますということは、極めて肉体的な行為です。「肉声」と言いますが、私が今こうして喉と舌と唇を動かして発している声を、みなさんは鼓膜を震わせて受け止めてくださっているのです。

地震、津波、原発事故によって傷付けられた福島県浜通りの方々は、震災以降多くのマスコミ関係者が押し寄せ、聞きたい話を聞き出すために聞く、という彼らのやり方に傷付いていました。私は沈黙も含めて、そのまま聴きたい、と思いました。

「被災地」「被災者」「フクシマ」とカテゴライズされることにも違和感を抱いている方々が多い。カテゴライズされるということは、交換可能な誰かになるということです。私は、住民ひとりひとりの何ものにも交換できない人生の軌跡を、聴くということを通して辿《たど》りたい、と思ったのです。

先ほど申し上げましたとおり、「ふたりとひとり」という番組は、「南相馬ひばりエフエム」で放送しています。「南相馬ひばりエフエム」は、地方によくあるコミュニティFM局ではなく、臨時災害放送局です。臨時災害放送局というのは、大規模な災害が起きたときに臨時に立ち上がる放送局です。この間〔編註　熊本地震が起きたのはこの講演の二カ月前にあたる〕熊本で大きな地震がありましたが、各地で臨災局が立ち上がり、避難所や炊き出しや飲料水の配布や自衛隊による仮設入浴所の情報などを流しました。東日本大震災後に、被害の大きかった東北の沿岸部では二十七もの臨災局が立ち上がりましたが、次々と閉局していきました。現在残っているのは、岩手県の「陸前高田《りくぜんたかた》災害エフエム」、宮城県の「けせんぬまさいがいエフエム」、福島県の「南相馬ひばりエフエム」と富岡町の「おだがいさまFM」の四局のみです。

「南相馬ひばりエフエム」のスタジオは、南相馬市役所内の、震災以前は資料置き場として使っていた十畳ぐらいの部屋です。しかし、私の番組「ふたりとひとり」

はスタジオで収録することは滅多にありません。マイクを三本持って、住民の方々の生活の場にお邪魔して収録するのです。お店、仮設住宅、学校、津波で流されてしまった住宅の跡地に立ってということもありましたし、避難区域の一時帰宅に同行させていただいて収録したこともありました。

臨時災害放送局という性質上、報酬《ほうしゅう》はありません。鎌倉から通っていたときは、旅費、滞在費も全て自腹《じばら》でした。他人のために何かを行うということは偽善だ、と揶揄《やゆ》される風潮があります。しかし、人は他者《たしゃ》がいないと生きていけない存在です。産まれるときは他者の手で受け止められ、お乳をもらい、おしめを替えてもらい、離乳食をひと匙《さじ》ひと匙与えられ、とにかく手をかけられて育てられるわけです。亡くなるときも、身近な人あるいは医療従事者の手を借りて息を引き取り、葬送も他者の手によって執り行われます。自分は独りで生きているという人も、人生は他者との関わりの中で始まり、終わるのです。

他者の声を聴くためには、共に苦しむこと、共苦が必要です。「福島に寄り添う私」という演題を与えられて、私は今日ここで話していますが、今苦しんでいる人に寄り添うためには、その場に行くこと、そして共に苦しむということが必要です。苦しむ相手にsympathyを抱く、これはしばしば同情と訳されますが、語源としては、苦しみを共にする、共苦という意味です。私は常にこの言葉を胸に抱いています。

私は小説家です。小説を書くことが仕事なのですが、震災以降、小説の中の言葉が響かなくなった。全てが嘘臭《うそくさ》く思えて、小説を読むことができなくなってしまったのです。今日は、二〇一一年四月から片時も離さずに持ち歩いていた本を、みなさんに紹介するために持ってきました。この、もう本の形を留めないほどボロボロになった本です。哲学者エマニュエル・レヴィナスの『全体性と無限』です。レヴィナスは一九〇六年、当時ロシア帝国に属していたリトアニアのカウナスに生まれました。カウナスは十万近い人口があり、住民の三割がユダヤ人でした。一九三〇年にレヴィナスはパリへと移り、翌年フランスに帰化します。第二次世界大戦中は、通訳として軍務に就きます。そしてドイツ軍の捕虜《ほりょ》となります。彼は、フランス軍兵士として捕虜となったことで、強制収容所に送られることを免《まぬか》れました。しかし、カウナスでは、ほとんど全ての近親者がユダヤ人であるという理由で虐殺《ぎゃくさつ》され、ユダヤ人の共同体は消滅しました。

レヴィナスは、生涯、そのことについて語ることがありませんでした。作品においても、親しい友人、家族との会話の中でも沈黙を貫いたそうです。凄《すさ》まじい沈黙の中で書かれたのが、この『全体性と無限』という本なのです。

私は「ふたりとひとり」という番組で、他者の話を聴く中で、このレヴィナスの『全体性と無限』を読み続けてきました。今日もこちらに向かうバスの中で読んでいたのですが、そこで目に飛び込んできたのが次の言葉です。

「ことばが維持するものはまさに、ことばが宛て先として指定し、ことばが呼びかけ、ことばが祈りもとめる他者にほかならない」

「人間は、他者のために生き、他者から出発して、自己の外部で存在することができるものとして定義されなければならない」(1)

私たちは、ものごころついたころから、たとえば勉強をさぼっていたりすると、「自分のために勉強しなさい」と言われつづけてきました。しかし「自分のために生きる」という目的は、人生を迷わせるのではないか。「自分のため」の末路《まつろ》は、自分の欲望にはまって、自分探しの堂々巡りをするしかないのではないか、と思うのです。

言葉というのは、自分から発して他者に向かうものです。言葉を発するときは、その方向性を意識しなければならないと思っています。つまり、私はいま、みなさんのために話しているのです。私は、人前で話すことが苦手なので、以前は講演やシンポジウムなどは全てお断りしていたのですが、東日本大震災を契機に他者の話を聴くという仕事を引き受け、他者に話すということをやってみようと考えを変え、今こうして壇上で立って話しています。

最後にもう一つ言葉を紹介します。

私は高校一年のときに、高校を退学処分になりました。ミッションスクールで、その校訓が聖書の中の言葉だったのです。

「心を尽くし、精神を尽くし、力を尽くし、思いを尽くし、あなたの神を愛せよ」(2)

十代の時は、この言葉の真の意味に触れることはできなかったのですが、今の私は、自分が他者と関わるときに、この言葉を常に意識しています。

自分にとっての節目でもある二〇一六年六月二十二日に、みなさんの前でお話しできたことに感謝いたします。

どうもありがとうございました。

（1）レヴィナス著　熊野純彦訳『全体性と無限』（上）、岩波文庫、一三二頁・三〇二頁

（2）マタイ二十二章三十七節やマルコ十二章三十節等に見られる言葉。

（二〇一六年六月二十二日、いわき短期大学創立五十周年・東日本国際大学創立二十周年記念式典にて）

現代中国とどう付き合うか

日中友好の歴史と課題

人間力を磨く

東日本国際大学講演集 II

西園寺一晃

◉西園寺一晃（さいおんじ・かずてる）
1942年東京生まれ。58年、日本の民間友好団体と中国側の要請で両親と共に中国に移住。中学3年から大学まで北京で学ぶ。北京大学経済学部卒業。67年帰国。帰国後、朝日新聞社に入り、調査研究室員、総合研究センター主任研究員などを務める。定年退職後、慶應義塾大学非常勤講師、工学院大学孔子学院学院長などを経て、現在、北京大学客員教授、東日本国際大学客員教授、東京都日中友好協会顧問。最後の元老・枢密院議長であった西園寺公望の曽孫。著書に『青春の北京』（中央公論社）、『中国辺境を行く』（旺文社文庫）、『周恩来と池田大作の一期一会』（潮出版社）などがある。

日本と中国の特殊な関係

みなさん、こんばんは。ご紹介にあずかりました西園寺です。これから一時間少々お時間をいただいて、お話したいと思います。今日のテーマは、日本と中国の関係なのですけれども、少し脱線するかもしれませんのでお許しください。

というのは、いまの日本と中国の関係を考える場合に、日本と中国だけを考えてもわかりません。そこにはアメリカが入ってくるしロシアが入ってくるし、韓国が入ってくるしＡＳＥＡＮが入ってくるし、ＥＵが入ってきます。そういうお互いの相互関係の中で、二国間の関係というのは動いているのです。それよりも、いま、世界は大きな転換期を迎えていると思います。アメリカはまだまだ強く、超大国ですが、相対的弱体化が始まっています。そこにトランプ大統領という誰も想像ができなかった人が出てきて、内向きになっています。もう「世界を仕切るというようなコストのかかることはしたくない」というわけです。その一方で中国の存在感が増大してきています。中国は依然として発展途上国ですが、経済的にも、軍事的にもアメリカと肩を並べる日はそう遠くない将来やってくるでしょう。その時、米中関係はどうなるのでしょう。米中が競合しながらも協調、共存すれば、世界は安寧《あんねい》、平和でしょう。もし対抗対立し、相争《あいあらそ》えば、新たな冷戦が生まれるでしょう。

しかし、人類は相争っているヒマなどないのです。といいますのは、二十一世紀の人類の地球規模での課題は、一つは食糧問題。爆発する人口にどうやって食糧を供給するのか。もう一つは環境問題です。地球規模での環境破壊をどうやって押しとどめるのか。三つ目は資源です。資源というのは、ご存じのように限りあるものです。これだけ人口が増えて、いままで貧しかった国が豊かになってくる。それだけでたくさんの資源を使うわけです。この資源をどこから供給するのか。この問題は人類が全体で解決しなければなりません。

二十世紀に入ったとき、地球上には20億の人がいました。二十一世紀に入る時、それが60億になっていました。いま、どれだけの人口があるのでしょう。今日のお昼の十二時の時点で、73億6931万3071人です。70億をはるかに超えています。この人たちが生きていくために、食糧を確保し、資源を確保し、環境汚染を止めなければいけません。こういう問題を抱えているわけです。日本と中国の関係を考えるときには、国際政治や安全保障とともに、このような問題も頭に置く必要があります。

中国は、いま、14億の人間がいます。猛烈に発展し、豊かになってきています。いままで牛乳を飲めなかった人が牛乳を飲むようになった。肉を食べられなかった人が肉を食べるようになった。マグロを食べられなかった人がマグロを食べるようになった。そういう時代です。これからは貧しかった人口大国、たとえばインド、パキスタン、バングラディシュなども徐々に発展するでしょう。発展開発と環境というのは常に矛盾《むじゅん》するわけです。中国やインドの環境がどんどん悪くなれば、地球の環境が悪くなるわけです。そういう意味では、中国の動向というのは、日本だけではなくて、世界で考えないといけないし、中国も地球に責任を持たなければいけません。

さて、日中関係ですが、内閣府が一九七八年から世論調査をしています。中国が好きですか、中国に親近感を持ちますかといった調査です。一九七八年は日中平和友好条約が結ばれた年で、日本には「中国ブーム」が起きていました。その時、日本人の70％以上が中国を好きで、親近感を持っていました。ところがここ数年、日本人で中国が嫌いで、親近感を持っていない人は90％を超えています。

その一方で、日本と中国の経済的相互依存関係は年々深化しています。戦後、本当に長いあいだ、日本の貿易相手国は断トツでアメリカでした。いまは断トツに中国です。日本の全貿易の中で、日中貿易が占める割合は20％を超えています。日米貿易は13％。つまり日本にとっても中国にとっても、お互いの経済は必要なのです。にもかかわらず、国民感情は悪い。これは悲劇です。日本と中国というのは特殊な関係です。交流が二千年あるのです。交流の大部分が友好的な交流です。日本文化の多くはかつて中国大陸からやって来ました。日本は中国から多くのものを学びました。中国も日本から多くのものを学びました。たとえば、中国は漢字をつくって、造語をつくった。日本は明治維新以後、中国から伝わった漢字を使って和製造語をつくりました。「中華人民共和国」という字の三分の二は日本製なのです。「中華」は中国の造語です。「人民」と「共和国」は和製造語です。ほかにも、特に社会科学系が多いのですけれども、たとえば、哲学、理学、経済、芸術、医学、環境、交流、解放、説明、方法、希望、法律、命令、道理、など全部和製造語です。中国が逆輸入しました。つまり、日本と中国というのは、そういうことも含めて、お互いに学び合ってきたのです。

もっと古く遡《さかのぼ》れば、古代において、中国大陸から日本へ二本の細く、長い道が延びていました。一つはシルクロードです。これは地中海から中央アジアを通って中国の長安まで来ていて、それを使って文化の交流や交易を行っていました。シルクロードの東の終点は長安ではありません、奈良です。ここに、中国大陸を経て、西洋文化、中央アジアの文化、中国の文化がどんどん入ってきました。

もう一つの道は、稲の道です。古代において、諸説はありますけれども、中国の東南部、いまでいう雲南省で稲作が発生しました（揚子江沿岸という説もあります）。水稲です。その稲が、西に伝わってインディカ米になって、東に伝わってジャポニカ米になりました。これはただ単に稲が伝来したわけではなくて、稲に付随し、稲作文化も伝わってきました。日本の文化というのは、基本的には稲作文化です。ですから、稲作文化にまつわるさまざまなものが大陸から入ってきた。たとえば、日本の国づくりの神話というのは、イザナギ神話です。これは、中国から入ってきた。「南総里見八犬伝」も中国から入ってきた。いろいろな民話とか神話が稲作文化と共に、はるか中国から入ってきた。古代から、日本と中国というのは大変大きな、密接な関係があったわけですね。

植民地化の危機と日中の対処

近代、十八世紀の終わりから十九世紀にかけて、世界では大きな変化が起こります。それは、何千年という長いあいだ支配をしていた封建主義の壁を打ち破って、二つの革命を通じて――一つは政治革命、一つは産業革命です――資本主義という新しい制度が生まれました。特に西ヨーロッパです。英国であり、フランスであり……。新しい政治制度、急速に発展した科学技術により、経済が大きく発展しました。ここまでは素晴らしいことです。しかし、幾つかの強国・列強は、その力を自分の国の中で収めることができなくなり、外に出ていくわけです。外へ出て、弱い国に出かけて、圧倒的な武力で資源を奪い、国土を奪い、植民地にしました。植民地にされた立ち遅れた地域というのは、アジアであり、アフリカであり、ラテンアメリカでした。

アジアを見ると、まず英国がやってきます。当時は最強の国です。まず、インドを征服します。もっと東に進んで中国に入ってきます。まず、英国は中国といろいろな貿易をするわけです。当時の貿易は、中国からたくさんのお茶とか金《きん》が出ていました。でも、英国は売るものがないのです。ということは、貿易赤字ですよね。貿易赤字を何とか解消しようと考えたのが、アヘンです。アヘンは当時、英国では禁止です。民族を滅ぼすといって、中国でも禁止です。ところが、英国はアヘンを密輸して、どんどん中国に押し付けた。それを当時の清《しん》朝が取り締まった。はじめは黙認したのです。ただ、あまりにもひどい。アヘン中毒者が増えた。これでは国が滅びるということで、ある時、アヘンを何トンも積んだ英国の船を差し押さえて、没収して燃やした。それを口実に、英国は軍隊を出すわけです。それがアヘン戦争です。

アヘン戦争で中国は敗れます。コテンパンにやられる。逆に、賠償《ばいしょう》を払った。それ以降、中国という国には、フランスがやってくる、アメリカがやってくる、ロシアがやってくる。もうずたずたにされて、アヘン戦争以降の中国は、百年間にわたって植民地、半植民地という非常に屈辱的な状況となりました。上海などでは「租界《そかい》」が生まれました。英国は香港を略奪しましたが、あまりにも露骨では国際社会の目もあるので、「九十九年間の租借《そしゃく》」ということにしました。九十九年間というのは半永久的です。

清朝という非常に封建的な、弱い、腐敗した、閉鎖的な政府は、とても列強にはかなわなくて、あっという間に反植民地、植民地にされてしまいました。まったく同じような状況が日本にも起きつつありました。列強は中国に行ったからいいというわけではなくて、日本にもやってきます。一八五三年（嘉永六年）に例の黒船がやってきた。ペリー艦隊ですね。それで、日本に開国を迫る。当時は、みなさんよくご存じのように江戸時代末期で、尊皇《そんのう》だ、佐幕《さばく》だと国中が騒然としていました。新撰組とか坂本竜馬が活躍した時代です。日本も中国と同じように、列強の植民地にされる可能性が高かったのです。でも、日本と中国は対処の仕方が違いました。

日本は自己変革運動をやりました。植民地にされる前に日本自身を変えた。明治維新です。一種の革命です。日本は、アジアで初めての近代国家になる条件をつくりました。そして植民地化を免《まぬか》れたのですね。鎖国《さこく》を止め、開国して、外からいいものをどんどん取り入れて学んでいった。科学技術を発展させ、経済を発展させていった。素晴らしいことです。アジアで初めて日本が成し遂げたのです。

ここまでは素晴らしいのです。ただそれからが問題で、明治維新をやって、自己変革運動をやって、植民地を免れて、日本は強くなって発展していった。ここまでは素晴らしい。そのときに、日本の前に二つの道がありました。一つは、朝鮮半島や中国やインドや、アジアの国々と連携をし、アジアの独立、アジアの繁栄を目指す道。これは自由民権運動の思想の中にあります。もう一つの道は、日本が強くなって列強の仲間入りをして、植民地争奪に加わっていく。これは、富国強兵、軍国主義の道です。この二つの道がありました。残念ながら日本は第二の道を選びました。そこから、日本と朝鮮半島、日本と中国、日本とアジアの関係は、非常に悪いものになったのです。

あとはみなさんご存じのとおりです。結局アメリカとも戦争をして、朝鮮半島、中国大陸、南方諸島、あるいはイギリス、フランスとも戦争する。それで結局は負ける。そういう状況を経てきたわけですけれども、日本が負けたときに、ある意味ではチャンスだったのです。それまでのことを総括し、反省して、日本はアジアの国と仲良くしていく。朝鮮半島とも中国とも、東南アジアとも仲良くしていく。そして日本は、決して軍国主義の道を歩まない。平和的な国家として生きていくということを決意、実行するチャンスだったのです。

ところが、日本は世界の情勢に翻弄《ほんろう》されます。第二次世界大戦の終了は、鉄砲を打ち合う、大砲を打ち合うホットな戦争の終結でした。しかしそれは同時に、クールな戦争の始まりでした。冷戦です。世界は三つに分かれました。片方はアメリカを中心とする、いわゆる資本主義・自由主義国家群（西側陣営）。もう一方は、かつてのソ連を中心とする社会主義国家群（東側陣営）。この二つのブロックに分かれ、激しく対立しました。あわよくば相手をつぶす、消滅させる、お互いにそう考えていたのです。もう一つのグループは「非同盟」の国家群です。どちらの陣営にも属さない国々、代表的なのはインド、インドネシア、エジプトです。

東西両陣営は、相手がピストルを持ったら自分もピストルを持たなければ守れない、相手が機関銃を持ったら自分も機関銃を持たなければいけない、相手が大砲を持ったら、われわれも大砲を持たなければいけないと思います。どこまでいったか。核兵器です。相手が核兵器を持ったら、こちらも核兵器を持たなければやられる。そういう状況でした。当時はアメリカとソ連が核兵器のほとんどを持っていたわけですけれども、その二つの国の核兵器を合わせると、全人類を十回消滅させられると言われました。軍拡競争のエスカレートで、そのような膨大な核兵器がこの世に存在したわけです。

冷戦とアメリカのアジア戦略

アメリカは日本を占領しました。日本を占領したアメリカの対日政策ははっきりしていました。日本の軍国主義を根絶《ねだ》やしにする。再び軍国主義が立ち上がらないように芽《め》を摘《つ》む。これが対日政策でした。そのためにいろいろなことをしました。まずは東京裁判です。東京裁判で裁かれた人の中で、軍人が一番厳しかった。A級戦犯ということで、ほとんど死刑になっています。それから、アメリカ流の民主的な教育を取り入れました。軍国主義の教師は全部追放されました。それから、民主主義制度の導入です。たとえば選挙の自由。それまで、日本において、女性は投票権を持っていなかったのです。自由選挙、男女平等、結社の自由、ストライキの自由などです。

もう一つは、日本に平和憲法を与えました。いま、いろいろ問題になっていますけれども、みなさんご存じのように、核心は第九条です。一つは戦争の放棄《ほうき》です。日本自身が侵略されたとき、日本は守る権利はあります。自衛の権利はあります。ただその他の戦争に一切参加しない。参戦権の放棄です。それからもう一つの内容は、軍隊・武力保有権の放棄です。この二つです。それがアメリカにとって必要だったのです。日本の軍国主義を阻止する。これを根絶やしにして、絶対再び立ち上がらせないようにするということです。

しかし、問題が起こります。戦争が終わって、アメリカは日本の軍事力を一切排除しました。ところが世界では冷戦が始まりました。アメリカとしては、強大なソ連と対峙《たいじ》する必要があります。ソ連勢力がアジアに浸透することを防ぐ算段《さんだん》をアメリカは考えます。アジア戦略の柱として、対共産主義、対社会主義の防波堤を築きたい。こういう必要性に迫られます。第二次世界大戦が終わって、中国で内戦が起こりました。それまでは、共産党勢力と国民党勢力があって、相争っていました。ところが、共通の敵である日本が入ってきたので、二つの勢力が手を組みました。

日本が負けて去った後、内戦が始まりました。当時の国際社会は、この内戦はおそらく短期的に終わると思われていました。アメリカもそう考えていた。というのは、当時の国民党勢力は四〇〇万人の軍隊を持っていて、アメリカとドイツの装備でした。海軍も空軍もありました。当時の世界においては、相当先進的な装備で、世界最大の軍隊でした。もう一方の共産党の軍隊は、およそ一〇〇万人。もちろん空軍も海軍もない。ぼろ服を着て、小銃を一丁担《かつ》いで、雑穀をほおばりながら戦うぼろ軍隊でした。これが戦ったら、どちらが勝つかは目に見えています。そこでアメリカは考えました。国民党軍が勝って、国民党の中国になったら、その中国を対ソ冷戦の防波堤にしようと考えたのです。

ところが、世界があっと驚く結果になりました。ぼろ軍隊が、世界最新鋭の軍隊に勝ってしまったのです。当時の国民党の勢力が、いかに民衆の支持がなかったかです。民衆の支持があるかないかという要素をみんな考えていなかった。アメリカの戦略が崩《くず》れました。中国は社会主義政権になりました。つまり、アメリカの恐れるソ連側に行ってしまったのです。アメリカは、アジア戦略を変えざるを得ませんでした。ソ連中心の社会主義ブロックに中国が加わりました。では、アジア戦略はどうするか。対ソ、対中防波堤をどう構築するのかです。アメリカは日本の牙《きば》を抜いたのですよ。それで、平和憲法も与えて、絶対に軍備を持ってはいけないというふうにしたのです。戦争をしてはいけない。そのことがアメリカの最大のジレンマになりました。そこで、まずアメリカがやったのは、日本の警察に武装警察をつくった。「警察予備隊」です。それから少しして、軍隊かどうかわからないような武装集団、「保安隊」をつくった。もう少しして、軍隊とは呼ばない軍隊、「自衛隊」をつくりました。これは、いまでは世界の十指に入る軍隊です。でも、憲法上は、日本は軍隊を持っていないのです。このジレンマですね。これがいまの憲法問題のそもそもの始まりです。

日本と中国の関係は、冷戦に翻弄されて、終戦期に和解できませんでした。通常、どの国で内戦が起きても、勝って政権を取ったほうを国際社会は承認します。

ところが中国の場合は、国民党勢力と共産党勢力が争って、共産党が勝って中華人民共和国が生まれました。破れたほうは、敗残兵みたいなかたちで台湾に閉《と》じ籠《こも》りました。台湾の国民党勢力が陥落するのは時間の問題でした。ところが、朝鮮戦争勃発《ぼっぱつ》を契機に、アメリカの第七艦隊が台湾を守りました。第七艦隊というのは、当時、世界最強の海軍でした。中国は国を統一することができなくなりました。それ以来、いまだに中国は分断《ぶんだん》されています。いま、大陸と台湾の関係はいいのですけれども、そういう冷戦の産物が北東アジアには残っています。

これは余談《よだん》ですけれども、私が中学生三年の時、両親に連れられて北京に移住しました。当時はまだ冷戦の真っ最中で、日中に国交はありませんでした。特別に日本政府のパスポートをいただいて行ったのです。いまはみなさんパスポートを持っていて、どこの国でも行けます。でも当時のパスポートにはこう書いてありました。日本国民であるこのパスポート所持者はどこにでも行ける、しかし、「中華人民共和国、東ドイツ、北ベトナム、北朝鮮以外は」という時代です。その後、一九八九年、冷戦が崩れ、東ドイツ、西ドイツが統一しました。北ベトナム、南ベトナムが統一しました。いまだに冷戦の産物が残っているのが北東アジアです。朝鮮半島は分断されたままで、台湾問題は解決していない。冷戦が完全に終わっていないのは、世界で北東アジアだけなのです。

キューバ危機とベトナム戦争の結末

そういうことで、非常に複雑な難しい状況の中にあって、日本と中国は何とかして仲良くしなければいけないと考えている人がいました。日本と中国の近現代史にとって、やはり一番大事なのは、一九六〇年代です。六〇年代というのは、激動の時代です。六〇年代にキューバ危機が起きました。地図を見ればわかるように、キューバという国はアメリカのすぐ後ろです。アメリカの内庭《うちにわ》みたいなものですね。そのキューバに革命が起きた。そして反米的な社会主義政権が生まれた。アメリカにとっては大変なことです。それだけではなくて、社会主義政権ですから、当時のソ連の陣営に入るのですね。ソ連が、新しくできたキューバにミサイル基地をつくった。もちろんミサイルには核弾頭《かくだんとう》を付けられます。アメリカにとっては一大事です。もちろんアメリカは反対したけれども、ソ連は核弾頭を船に積んで、キューバに運び出しました。

アメリカは、当時ケネディ大統領でした。その船がアメリカの近海に来たら、ミサイル攻撃すると宣言しました。それに対してソ連のフルシチョフ書記長は、もしアメリカがその船をミサイル攻撃したら、ソ連はICBMをアメリカに撃つと宣言しました。アメリカは、もしソ連が発射したら、われわれもソ連に向けてICBMを発射すると宣言したのです。ソ連もアメリカも、核ボタンの安全装置が解除されました。押せば核全面戦争です。戦後、初めて核戦争の脅威《きょうい》が生まれた瞬間です。これをやったら、勝者はありません。人類は滅亡するということです。たくさんの国が動きました。ローマ法王も動きました。結局、国際世論でさまざまな人が声を挙げた結果、土壇場《どたんば》でソ連の船は引き返しました。それで、核戦争にはならなかった。これが一九六〇年代の初めです。

それによって、ますます冷戦は厳しくなった。冷戦が厳しくなるに従って、日中関係も厳しくなります。一九六〇年代後半、日本の総理大臣は佐藤栄作でした。アジアでは、ベトナム戦争が始まりました。本当に殺伐《さつばつ》とした時代です。六〇年代の終わりに、佐藤首相がアメリカに行きました。当時のジョンソン大統領と首脳会談を行い共同声明を出しました。対中国の強硬な共同声明です。当時のアメリカのアジア戦略の中心は、中国封《ふう》じ込《こ》めでした。中国を絶対に外に出さない。国際社会に復帰させないというものです。その翌々年に、アメリカはニクソン大統領に代わりました。また日米首脳会談がありました。この佐藤・ニクソン会談でも、対中国強硬声明が出されました。しかし、水面下では佐藤首相さえまったく思いもよらなかったことが起きていたのです。

当時の中国の絶対的指導者は毛沢東主席でした。「ニクソンの苦悩と毛沢東のため息」から世界は大きく変わることになります。アメリカにとっての苦悩はベトナム戦争でした。ベトナムは南北に分断され、南ベトナムはアメリカ側、北ベトナムはソ連側。その南ベトナムで反政府ゲリラが発生しました。南ベトナム政府は掃討《そうとう》作戦を行います。それでもゲリラは増えたので、アメリカが援助しました。大量の武器弾薬を援助し、軍事顧問団を常駐《じょうちゅう》させました。それでもゲリラは増える一方でした。そこでアメリカは、自ら軍隊を派遣します。最大時、アメリカは五十万人の兵を派遣し、核兵器以外、化学兵器を含むすべての武器を使いました。五十万人の軍隊を投入しても、ゲリラ勢力に勝てなかった。ゲリラは北ベトナムの支援を受けていたので、アメリカは北ベトナムに爆撃を行いました。

それだけならば、アメリカにとって大したことなかったのです。アメリカは世界のいろいろなところに手を伸ばしていた。当時のアメリカにとって一番大事なところはどこか。もちろん、本土です。アメリカ本土が一番大事です。その次に大事なのは、西ヨーロッパです。西ヨーロッパというのは、アメリカを中心とした北大西洋条約機構（NATO）とソ連を中心としたワルシャワ条約機構が陸続きで対峙していました。アメリカにとっては、自分の国以外で一番大事なのは西ヨーロッパです。ベトナム戦争が始まる前、あるいは始まった当初、NATOとワルシャワ条約機構の力関係は、大学生と小学生ぐらいの差があると言われていました。しかし、アメリカがベトナムという泥沼で消耗戦を強《し》いられた何年かの間に、この力関係が変わってきたのです。少なくとも、戦車の数、航空機の数はワルシャワ条約機構が上回りました。このままでいけば、NATOは劣勢になり、本当に戦争が起これば、NATOは負けるかもしれないとアメリカは焦りました。アメリカはなるべく早くベトナムから足抜けしたいと考えました。

　ということは、アメリカは南ベトナムを放棄する。これは仕方がない。ただ、ベトナムからアメリカが引いた空白地帯に、最大のライバルであるソ連勢力が入ってくるのはかなわない。これは阻止《そし》したいと考えたわけです。そこで、アメリカは中国を利用することを考えた。当時、中国とソ連の関係は険悪でした。中ソの対立があって、部分的ながら、珍宝島《ちんぽう》（ダマンスキー島）などで戦闘も起こっています。この中ソ対立をアメリカが利用しようとしたのです。ベトナムからアメリカが抜けたあと、中国の力を利用して、ソ連が南下してくるのを阻止しようと考えました。ニクソン大統領は「極秘裏に中国と接触せよ」と、特別補佐官のキッシンジャーに命じます。

中国承認へのなだれ現象

一方、中国でも大きな問題が起こっていました。あの、カリスマ的な指導者の毛沢東が、一九六〇年代末のある共産党会議で弱音《よわね》を吐《は》いたと言われます。「米ソという二つの超大国を敵に回し、われわれは一体どうしたらいいのだろう」と。その毛沢東の弱音を聞いて、周恩来が動きます。周恩来は軍の重鎮《じゅうちん》たちを呼び集めて、諮問《しもん》をしました。当時、中国は反米、反ソです。一方ではアメリカと対立し、一方ではソ連と対立していた。この中国のやり方は、中国の対外戦略にとって正しいのかどうか、当時の元帥《げんすい》たちに諮問をしたわけです。軍の元帥たちは、いろいろ検討して、周恩来に答申をした。われわれの世界戦略は間違っている。どうしてかというと、当時はアメリカとソ連が世界の超大国だった。中国はまだまだ貧乏で弱い。この貧乏な弱い国が、二つの超大国と同時に対立するなんていうことはあってはならない。こういう答申をしたのです。それを聞いて、周恩来は次の諮問をした。それでは、いまのわれわれにとって、最も危険な存在はアメリカなのか、ソ連なのか。軍の長老たちが、いろいろ検討したわけです。それで答えました。いまの中国にとって、一番危険な存在は、数千キロメートルの国境を接しているソ連ですと。それを聞いた周恩来は、毛沢東と相談します。毛沢東は、周恩来に、「極秘にアメリカと接触せよ」と命じました。アメリカの力を利用してソ連を牽制《けんせい》するためです。

周恩来とキッシンジャーの、水面下の交渉が行われました。そして、世界があっと言ったのは、激しく対立していたアメリカと中国が、それも世界最強の国のアメリカ大統領が、未承認国である中国を訪問するという、考えられないことが起きようとしているのです。当時アメリカは、日本も同じですが、台湾に逃れた国民党政権が中国を代表する合法政権だと言っていたのですよ。それなのに、ニクソン大統領が直接北京を訪問するというのです。これは、アメリカと中国が同時に発表しました。中国は、外務省のスポークスマンが記者会見で発表しました。同じ時刻、アメリカではニクソン米大統領が自らテレビに出て発表しました。これは、トランプどころの騒ぎではないですよ。これによって世界は、なだれ式に中国承認に向かっていきました。

日本も、乗り遅れたらまずいということで、福田赳夫と総理の座を争った田中角栄が、日中国交正常化早期実現と言いました。福田さんは、日中もやるけれども台湾を守るというスタンスでした。この二人が対決して田中さんが勝ったのです。そこからは、一気に日中国交正常化にいくわけです。

その六〇年代の最も厳しいときに、先見《せんけん》の明《めい》がある人が少なからずいました。ここでは代表的な二人を挙げます。一人は、自民党の宇都宮徳馬さんです。自民党の議員でありながら一匹狼《いっぴきおおかみ》で、自民党の方針に反し、アメリカの方針に反し、中国と仲良くしようと一所懸命に活動をしていました。宇都宮さんは常々こう言っていました。「みんな誤解している、アメリカの反中国性、中国の反米性、これを過大視しているが、必ず世界は変わる。あまり固定観念で考えるべきではない」。彼は当時の自民党ハト派議員を連れて、アメリカのサンタ・バーバラというところで、アメリカのハト派議員と会議をやり、アメリカ政府に中国との和解を提言しました。もちろん、宇都宮徳馬が、周恩来とキッシンジャーの秘密交渉など知るはずがありません。

もう一人は、当時の創価学会の池田大作さんという人です。当時、会長さんですね。いまは名誉会長。当時の日本というのは、アメリカの影響とか日本の政府のやり方とかいろいろなことがありまして、中国と仲良くしようと言うと白い目で見られました。中国と仲良くしようと運動したがために会社を首になった人、刑事に付きまわされた人がいっぱいいます。いまでは考えられないことです。

当時、六〇年代に、社会党委員長の浅沼稲次郎さんという人がいました。この人が、東京の日比谷公会堂で演説をしました。われわれは中国と仲良くしなければいけないと。われわれはそれを進めないといけない。彼は演説中に右翼に襲われ、命《いのち》を落としました。そういう時代です。中国と仲良くしようと、仲良くしなければいけないということを言ったり行動したりしたら、命を狙《ねら》われる。そういう時代でした。

池田大作さんという創価学会の会長さんが、一九六八年に、創価学会の第11回学生部総会というところで「中国提言」をしました。われわれは中国を認めないといけない。中国の国連《こくれん》復帰を実現しないといけない、中国との貿易を発展させないといけない。当時は、「中華人民共和国」という言葉を使っただけで、白い目で見られた時代です。世の中が驚きました。あの巨大宗教団体の長が、四十歳という若さだったのですが、そういう命がけの提言をしたのです。一九六八年というと、佐藤・ジョンソン会談、佐藤・ニクソン会談で、ものすごく厳しい対中国共同声明が出ている最中です。当時は日本政府の方針に反し、アメリカの方針に反し、ある意味世論にも抗したものでした。

私は日中国交正常化直前の一九七一年、朝日新聞社に入社しました。田中さんが勝って日中国交正常化というのが目の前にきました。ところが、それまで日本と中国の政府間関係はまったくないのです。交渉のとっかかりがないのです。誰かが仲介をしなければいけない。自民党には親中派というのがありました。ある意味ではそれが自民党のいいところで、非常に幅広い。片方では反中感情を持っていて、片方では中国と仲良くしなくてはいけないという議員もいて、それが同居しているのです。それが自民党のいいところです。社会党は、伝統的に一貫して中国との友好をやってきました。民社党もやってきました。

ところが、日本と中国との中継ぎとして中国の周恩来が選んだのは、公明党なのです。それにはみんな驚きました。われわれ、記者も驚きました。公明党は新しい政党で、中国との付き合いはほとんどありませんでした。こういう言い方をしていいかわかりませんが、公明党というのは創価学会の池田会長がつくった党です。周恩来は、池田大作という人を知らないのですね。会ったこともない。でも、周恩来の頭の中には、第11回学生部総会で行った「提言」が頭に入っていた。あの時代、あの状況下で、あの命がけの提言をした人がつくった党は信頼できると彼は思ったと思います。それで、公明党の仲介があって、比較的スムーズに事が運んだのですね。田中角栄さんが中国に行って、周恩来と会談して、いろいろなことがあったのですけれども、結局は日中国交正常化が実現したということです。

周恩来・池田会談の歴史的意味

ただ、人間というのは面白いもので、田中総理が生まれた当時の自民党は、北京派と台湾派に分かれていた。数からいうと、圧倒的に台湾派が多かったのです。だから、田中さんが党内で議論して、多数決なら絶対に負ける。彼はいわゆる独断専行で、自分で北京に飛んだ。これも先を見据えた英断です。国交正常化して、世界がなだれ現象で中国が国際社会に復帰すると、いままで中国をさんざん貶《けな》していた、反中国派の多くの自民党の議員も、私は始めから友好的だった、私は始めからそう願っていたと、みんなそう言い出したのです。あっという間に北京派になる。我先《われさき》にと北京詣《もう》でをして、何としてでも関係をつくりたい。それはそれで……と思いますけれども。

周恩来は、日中国交正常化を成し遂げた後、平和友好条約締結《ていけつ》に向けて努力し始めた時、癌《がん》になりました。膀胱《ぼうこう》がんです。

日中国交正常化の共同声明の中に、約束がありました。それは、一日も早く、日中平和友好条約を締結する。国交正常化というのは、マイナスにあった関係をゼロに戻したにすぎません。ゼロからさらにお互いに平和にやっていきましょうというためには、平和友好条約がないといけないのです。今の日ロもそうです。日本とロシアにはまだ平和条約がありません。これがあって初めて、二つの国は仲良くしていきましょうという約束をできるのです。周恩来は、これをやらなければいけない、成し遂げないといけないと入院を拒否します。癌はどんどん進みました。でも彼は、命を削《けず》っても、日中平和友好条約はどうしてもやらねばならないと思ったわけです。残念ながらこの条約は、周恩来存命中はできませんでした。締結は一九七八年、周恩来が亡くなったのは一九七六年です。結局、間に合わなかったのです。周恩来は、七二年にがんを発病しても、休んでいるヒマはないと入院を拒《こば》んでいたのですが、困った周囲は、組織の決定ということで一九七四年に入院させます。しかし、秘書たちに言わせると、それは事務室を病院に移したに過ぎないということでした。

一九七六年一月に亡くなるまで、周恩来は最後の力を振り絞ってやっておくべきことがあった。世界で何人かの人に会っておきたい。最後の二年間くらいで、医師団の反対を押し切って、どうしても会っておきたい人に会いました。日本の場合、一人は池田大作です。彼には、死ぬまでに一度会っておきたい、感謝をしたいという思いが強かったのですね。池田大作という人は、変わった人というか、一所懸命、日中をやりました。日中提言をして、国交正常化の仲介を公明党にやらせました。でも、国交正常化して、みんなが我《われ》も我もと北京詣でする中で彼だけは行きませんでした。行きたい人は行ったらいいと。いろいろな人が北京行きを勧めました。池田先生は日中国交正常化に貢献したのだから、ぜひ北京に行って下さいと。その池田大作に周恩来は、最後に一度会っておきたかったのです。それで、あるルートを通じて、池田会長に、ぜひ来てくださいとメッセージを送りました。私はもう癌で動けないから、日本には行けない。ぜひ来てくださいと。

それで初めて、池田は腰を上げるのです。一九七四年春、第一回目の訪中がありました。ちょうどその時、周恩来は癌の大手術をした直後で、会えませんでした。因《ちな》みに周恩来は、亡くなるまでの二年間、大手術を十回しました。中小手術を八回しました。

池田は、一度帰国して、その年の十二月に再び北京を訪れました。厳寒の北京です。私はたまたま北京に行っていたので、その状況はよく知っています。周恩来はもうベッドから立ち上がることができませんでした。毎日、激痛が襲《おそ》う毎日だったそうです。池田一行が北京に着いても、周恩来はとても会える状況ではありませんでした。周恩来の代わりに、鄧小平が池田一行に会って、そこでお詫《わ》びをします。本来、周恩来が会うはずなのだけれども、大変危険な状況で申し訳ありませんと。私が代わりにご接待申し上げますと。そういう意味のことを、鄧小平は池田に言いました。

でも実は、そういう状況の中で、大変なドラマが進んでいたのです。周恩来が病院で、どうしても池田に会うと言ったのです。医師団は、もし人に会うようなことがあったら命《いのち》を縮《ちぢ》めますと必死に止めました。秘書団も反対しました。それは、周恩来の健康を思えば当然です。それでも周恩来は、命を縮めても会うと言いました。その決意は固く、医師団も秘書団も困ってしまったのです。周恩来を止められるのは、夫人しかいないと皆が思いました。秘書団と医師団が、こういう状況です、ぜひ止めてくださいと鄧穎超《とうえいちょう》夫人のところに行きました。鄧穎超はじっと考えて、「会わせてあげてください」と言いました。命を縮めても、やっておかなければならないことがある。会っておかなければいけない人もいる。ぜひ、周恩来の希望をかなえて会わせてあげてくださいと、逆に鄧穎超は秘書団と医師団を説得したのです。その時、池田一行は訪中最後の晩に答礼宴《とうれいえん》を開いていました。そこに周恩来の使いがメッセージを持ってきます。「池田先生、これから周恩来総理のところにご案内します」と。池田は断ったそうです。私はお会いしたい、でも、そんなことをしては命を縮めます。ぜひ、ゆっくり休んでくださいと。しかし、周恩来の意思は固いということで、車に乗せられて病院に行ったのです。周恩来はベッドから立てる状態ではなかったのです。でも、立って歩いて池田をドアまで迎えに行ったのです。医師の約束は五分でした、それが結局三十分になりました。

私の言いたいのは、命がけでやった先人《せんじん》たちの手によって、日中関係はつながってきたのです。日本にとって中国は大事だ、中国にとって日本は大事だ、やはり仲良くしていかなければいけないと、日中の先人たちは考えたのです。いろいろな問題はあるけれども、争ってはいけない。再び戦争してはいけない。そういう思いがありました。いまでは考えられないでしょうが、日中問題に取り組むのは命がけだったのです。この人たちの力によって、これまでの日中関係がつながってきた。それは、やはりわれわれが引き継いでいかなければいけないと思います。お互いにいろいろな事情がある。妥協できないこともある。特に領土問題なんていうのは一国の主権に関わることですから、お互いに妥協できない。見解が異《こと》なれば仲良くできないのでしょうか。かつての政治家、先人たちは非常に知恵がありました。領土問題はそう簡単には解決しない、争えばナショナリズムを刺激して、良いことはなにもない。それなら一時棚上《たなあ》げしましょうとなったのです。世代が変わり、両国にもっと頭がいい人たちが出てくるまで待ちましょうと。日中間だけではなくて、日韓間でも日米間でも、意見の違い、妥協できないことはたくさんあります。だからといって、それがあるから仲良くできないということではいけません。

私が言いたかったのは、日本と中国には長い関係があって、途中戦争という不幸な時期がありましたが、日中の先人たちが努力して、外交関係を正常化し、平和友好条約を締結したことが重要です。政治関係、経済関係は重要ですが、根本的には国民間の友好関係が最も重要です。私は、少なくとも東アジアにおいては、日本と中国と韓国が安定した、良い関係になって、アジアをリードしていくことが絶対に必要だろうと思います。東アジアにはいろいろな国がありますが、日・中・韓のGDPを合わせると東アジア全体の八割以上なのです。それだけ力がある。この三国が争えば、アジアは不安定になり、ほかの国が困ります。

だからわれわれはやはり、いかにして平和を維持するか。アジアの平和、世界の平和というのは、国と国とのいい関係から成り立つと思いますし、一人対一人の良い関係から成り立つと思います。いろいろ難しい問題はあると思いますが、やはりわれわれが、少しでも関係を良くしていこうと、少しでも平和に向かって歩いていこうと、命がけで闘《たたか》ってきた先輩たちからバトンを引き継がなければいけないと思います。また、そういう人材をつくり上げていかなければいけないということだと思っております。友好関係は世々代々でなければ意味がありません。

ずいぶん時間が過ぎました。まとまらない話でしたけれども、ありがとうございました。

（二〇一六年十二月十四日「交誼会」冬期研修会にて）

東北アジアの平和と繁栄のための日韓間の協力

朴　在　圭

人間力を磨く

東日本国際大学講演集 Ⅱ

◉朴　在圭（パク・チェイキュウ）
1967年アメリカ・ニュージャージー州、フェアリー・ディキソン大学卒業。南北統一問題研究の専門家。慶南大学極東問題研究所長を経て99年、金大中政権の第3代統一相に就任。翌年6月の南北首脳会談では大統領とともに訪朝。南北閣僚級会談では韓国側首席代表を務め、大統領が推進する太陽政策を主導。統一相退任後、慶南大学北韓大学院教授を経て、現在、同大学総長。

こんにちは。慶南大学校総長の朴在圭です。学校法人昌平黌《しょうへいこう》の第29回「孔子祭」を心よりお祝い申し上げます。このような非常に意味深い日にお話しする機会をくださった尊敬する緑川浩司理事長、吉村作治学長をはじめとする東日本国際大学関係の皆様に感謝申し上げます。

教職員、学生、そしていわき市民のみなさんと、このように有意義な席を一緒にすることができ、非常にうれしいです。

東北アジア情勢の変化

まずは、変化する東北アジア情勢に対して申し上げます。二〇〇八年末、全世界を襲《おそ》った「グローバル金融危機」以来、世界の経済秩序は「G20」体制に変わっています。このような世界経済秩序の変化により、安保秩序も、アメリカが中心的役割をしながらも多者間で協力する体制に転換されつつあります。

今日、世界の主要国家は経済、安保などの主要懸案《けんあん》を共に議論し、合意点を見出《みいだ》し、共同の繁栄を図っています。これがまさに「脱冷戦以後の国際秩序」です。

こうした中、日本と韓国が位置する東北アジアは、国際情勢の変化を導く核心地域になってきています。以前から未来学者たちは、世界文明の中心が西欧からアジアに移動すると言っていました。実際、東北アジアは世界秩序の再編が成り立つ中心舞台として成長しています。日・中・韓の三カ国で世界人口の20％、全世界交易量の18％、国内総生産（GDP）の15％を占める目覚ましい成長を遂げました。

太平洋戦争以後、経済的復興に成功した日本は、経済大国として先進国の地位を確実にしました。また、それにともなう国際的責任を全《まっと》うするために努力しています。中国もやはり一九七〇年代後半の本格的な改革・開放がスタートし、九〇年代から目覚ましい経済成長をしています。中国はG2と呼ばれるほど、世界秩序に及ぼす影響力が大きいです。

韓国もまた、中堅国家の代表走者として、先進国と開発途上国の架け橋の役割を果たすための努力もしています。

しかし残念なことに、植民地支配をはじめとする歴史問題と領土問題が、未来に向かった私たちの足を引っ張っています。特に、日本と韓国、日本と中国の間の歴史・領土問題は、北朝鮮の核問題とともに東北アジア平和の大きな障害です。

日・中・韓の三カ国は、過去を真剣に精察《せいさつ》して、共に繁栄する道は何であるかを考えなければなりません。地域の安定と平和という価値を超えて、未来指向的認識を構築することが何よりも重要です。

特に、日韓は良きパートナーとして、両国関係と朝鮮半島の南北関係、そして日本・北朝鮮関係の発展を通じて、東北アジアの平和とより良い未来を創《つく》っていかなければなりません。核をはじめとする北朝鮮問題と朝鮮半島の統一にも、日韓は一層緊密に協力しなければなりません。一時的な情勢変化に揺れないで、持続可能で安定した日韓協力関係を構築することこそ、東北アジア平和と繁栄の土台だと言っても過言ではないでしょう。

南北関係と日北関係

一方、去る三十年間、韓国は南北関係発展のために努力してきました。南と北は一九九一年「南北基本合意書」と「朝鮮半島の非核化共同宣言」に合意して、新しい南北関係の方向を確立しました。

二〇〇〇年初めて行われた南北首脳会談で、金大中《キム・デジュン》大統領と北朝鮮の金正日《キム・ジョンイル》国防委員長は、南北関係を和解と協力の方向へ切り替えることに合意しました。

私は当時、南北関係を主管する統一部長官及び南北首脳会談推進委員長として、南北首脳会談の成功のために、北朝鮮側の金正日委員長を説得するのに渾身《こんしん》の努力を傾けました。

また、当時首脳会談の結果といえる「6・15共同宣言」を履行《りこう》する過程で、南北長官級会談の韓国側首席代表として参加し、離散家族の対面、分断された鉄道の連結、金剛山《クムガンサン》陸路観光と開城《ケソン》工業団地事業の始動などを協議しました。民族の同質性回復のための人道的支援と社会・文化協力事業を推進したりもしました。

ところが二〇〇八年、平和の象徴だった金剛山観光が中断され、二〇一六年には共同繁栄の象徴であった開城工業団地まで稼動を止めました。私が統一部長官を務めている時、金剛山陸路観光を始めて開城工業団地の礎石《そせき》を固めたので、今でもこの二つの事業が中断されたのは個人的にも非常に胸が痛いのです。

その間、南北関係は多く紆余《うよ》曲折《きょくせつ》がありましたが、核問題が及ぼした影響は大きかったです。北の核ミサイル開発は南北間協力と対話を中断させます。韓国は経済的協力と非核化のための努力を中断していませんが、核ミサイルに対する北の執着は韓国の努力に冷水を浴《あ》びせます。

北朝鮮の核問題解決のための六者会談が中断されてから、周辺国は北の核ミサイルへの野心を防ぐために制裁を強化しました。しかし、北朝鮮は金正恩《キム・ジョンウン》体制に入って三回も核実験を断行しました。北朝鮮は長距離ミサイルの開発を止めないまま、朝鮮半島はずっと緊張が高まった状態にあります。

実際に、北の核問題を制裁と圧迫だけで解決することはできません。北の誤った行動に対しては強力に対応すべきですが、より根本的な問題解決のためには、対話の紐《ひも》をゆるめてはいけません。制裁と圧迫はそれ自体が目的ではなく、対話の場を用意するための手段に過ぎないからです。

北朝鮮の核問題解決のためには、日韓の協力が何より重要です。十年前日本と韓国が参加した六者会談は、いまでも北朝鮮の核問題解決のために最も効果的だったと評価されています。それは、東北アジアを含んだ国際秩序の変化と直結した事案であるからです。結局、韓国は南北関係改善で、日本は日本・北朝鮮関係改善で北朝鮮の核問題解決に寄与できます。

振り返ると、日本と北朝鮮の間にも関係を正常化する決定的な契機がありました。一九九〇年九月、自民党と社会党の共同代表団が平壌《ピョンヤン》を訪問して金日成《キム・イルソン》主席と会談し、共同宣言を発表したことがあります。

二〇〇〇年南北首脳会談の時に、金正日委員長は日本との首脳会談に対して私の考えを尋《たず》ねました。私は、日北首脳会談は、日北関係改善と北朝鮮の経済発展のために必要であると答えました。そして一九六五年の日韓国交正常化以後、韓国の経済発展に対して金正日委員長に説明しました。

その後二〇〇二年九月には、小泉総理が金正日委員長と歴史的な首脳会談をした後、和解と協力のための「平壌宣言」を採択したりもしました。

当時金正日委員長は、日本人拉致《らち》に対して謝り、再発防止を約束しましたが、これは北朝鮮体制の特性を勘案《かんあん》する際、前例がないことでした。金正日委員長は拉致事件をよく取りまとめ日北関係を一段階成熟させて、日本からの経済的協力を得ようとしたと思います。

私は、日北関係が二〇〇二年の状態に戻ることを望んでいます。その関係は、単に両国間の問題を超えて、東北アジアの平和と繁栄に役に立つと思います。ただし、日北関係を改善するためには、日本はより積極的な姿勢で努力すべきで、北朝鮮は拉致、核問題などにもっと誠意ある態度を見せるべきだと思います。

日韓関係と東北アジアの平和

二十世紀がヨーロッパの世紀であったならば、二十一世紀はアジア、特に東北アジアの世紀になるでしょう。そのためには、国家間の協力を遮《さえぎ》る障害物を解消しなければなりません。

日韓は一九六五年の国交正常化以降、緊密な関係を維持し発展させてきました。特に、二〇〇二年ワールドカップの共同開催、韓国の対日文化開放、日本国内での韓流《ハンりゅう》拡散は、両国が近づく契機になりました。また政治的関係に束縛されることなく、人的・物的交流が続いています。

日中関係も日韓関係と似ています。経済分野では緊密な関係を維持し、半面に、歴史・領土問題では難航しています。問題は日中関係が円満でなければ、アメリカと韓国にも難しい状況が造成されるという点です。

私は以前から、歴史問題は専門学者らに任《まか》せて、政治指導者は「沈黙の知恵」を発揮しなければならないと話してきました。「歴史の政治化」は未来のために決して望ましい選択ではありません。領土問題もやはり同じことです。日韓、そして日中の間に政治的な葛藤が存在するのは事実であっても、経済協力と人的交流を通じて関係が発展していけば、このような葛藤も次第に解消されると考えます。

日・中・韓の三カ国の協力で東北アジアの平和体制をより強固にし、各国の経済発展を促進する安保環境が創《つく》られるのでしょう。東北アジアが今まで成し遂げてきた経済発展を持続するためには、何よりも地域内安定と、日・中・韓の三カ国の協力が重要です。さらに、三カ国の協力は既存の東北アジア秩序の限界を補完し、地域内平和と繁栄を拡大させるでしょう。また、新しい東北アジアの秩序の成立や、それを定着させる役割を果たすことができると期待します。

日・中・韓三カ国の関係を発展させるためには、何よりも未来指向的な観点で接近する姿勢が必要となります。日本に派遣された文在寅《ムン・ジェイン》大統領特使が言及したように、慰安婦問題も未来指向的観点で接近すれば、望ましい解決策が出ると思います。「日韓シャトル外交」で、互いの立場を理解する幅を広げていけば、問題解決の糸口を見つけることができると思います。

そのためには、私たちの未来を担っていく、世界各国の大学生をはじめとする青少年が自然に交流することによって、お互いが理解できる機会を与えなければなりません。日本と韓国、中国の若者たちが頻繁に会う席を持たなければなりません。ここで東北アジアの新しい未来がつくられるでしょう。みなさん、私の考えに同意しますか。

歴史的に葛藤関係にあったイギリスとフランスも、両国の青少年の交流を通じて、より良い未来をつくってきました。両国は政治的感情があまり良くなかったのですが、未来のために、青少年と大学での学術・文化的交流を続けてきました。このような教育を受けて育った青少年たちが、今のイギリスとフランスの指導者に成長して、対立と葛藤の関係を協力と繁栄に導いています。

政治家はもちろん各分野の専門家たちは、相互交流・協力を通じて関係増進の土台が丈夫なのか確かめていくべきでしょう。特に、日本と韓国の青少年そして大学生の間の交流は、両国の関係を超えて東北アジアの明るい未来をつくる礎《いしずえ》になるでしょう。

「近くて近い韓日関係」に

東北アジアにも、今や新しい秩序がつくられなければならない時だと考えます。これまでの葛藤と対立の歴史を超えて、平和と協力、共存と共栄の新しい歴史を描いていかなければなりません。東北アジア地域の平和と発展のためには、日本と韓国、中国が、安保と経済を超えた多方面での協力が大切です。この協力は、新しい変化に対する共通の認識と信頼が支えになるときこそ可能になります。

東北アジアの平和と発展は大変重要です。日・中・韓三カ国に経済的相互依存性が大きくなったのもその理由です。「経済」は三カ国間の協力と統合の仕組みでつくられます。だが、北朝鮮の核威嚇《いかく》という安保問題は、三カ国間の関係発展の障害要素になっています。また、これは最も緊急な領域内安保懸案の中の一つです。

先にも申し上げたように、北朝鮮の核問題を解決するためには、多くの時間と努力、持続的な協力がなければなりません。この過程で、南北関係発展と朝鮮半島の平和・安定は、東北アジアの平和と発展に直結した重要な礎です。これこそ、北朝鮮の核問題解決にあたって、日本と韓国が協力しなければならない理由です。

東北アジアは歴史的に「開放」を通じて成長してきました。北朝鮮もこのような歴史を教訓にして、核ミサイルに対する執着を捨てて、果敢《かかん》な開放と協力を通じて東北アジアの平和・協力秩序に同調するとき、新しい東北アジアの未来が開かれるでしょう。日・中・韓三カ国も、お互いを配慮・包容する精神で、相互利益のために協力していかなければなりません。

日本と韓国は「共に生きる近くて近い隣人」として、いつも建設的な関係を維持すべきだということが、私の長いあいだの信念です。反省することは反省し、率直に対話をするならば、過去とは真心から和解して、新しい日韓関係をつくることができると考えます。

私は一九四四年日本の京都で生まれました。お母さんはいつも私に「日本と身近に接しろ」と言いました。母親のお言葉を肝《きも》に銘《めい》じて、私は一九七三年からずっと国際学術会議・日本経済人の集いをはじめとする、日本で開かれる各種大学・団体・機関などでの講演で「近くて近い韓日関係」の重要性を強調してきました。これからも続けていくつもりです。

みなさん！　より良い未来に向かって、私たち、みんな一緒に歩いて行ってはどうでしょうか？

ありがとうございます。

（翻訳　山田紀浩）

（二〇一七年六月二十二日、第29回「孔子祭」にて）

佐藤弘夫

神・人・死者

日本列島における多文化共生の系譜

人間力を磨く

東日本国際大学講演集 II

◉佐藤弘夫（さとう・ひろお）
1953年宮城県生まれ。東北大学文学研究科博士前期課程修了。盛岡大学助教授などを経て、現在、東北大学大学院文学研究科教授。博士（文学）。中世を中心とする日本思想史の研究家。
著書に『日本中世の国家と仏教』（吉川弘文館）、『神・仏・王権の中世』（法藏館）、『神国日本』（ちくま新書）、『鎌倉仏教』（第三文明社・レグルス文庫、ちくま学芸文庫）、『死者の花嫁』（幻戯書房）など多数。

危機に直面する現代社会

今日は、いわき短期大学創立五十周年、東日本国際大学創立二十周年という大変栄誉ある日にお話しするという機会をいただき、光栄です。

先ほど、ここまでの歩みを振り返るビデオを拝見しました。今から五年前の震災ですが、大変なご苦労があったと思います。そうしたご苦労を乗り越えて今日《こんにち》の繁栄を築かれた緑川理事長をはじめとするスタッフのみなさん、またさまざまな風聞、噂《うわさ》に惑わされることなくこの学園で学ぶことを選び、この地に集まった学生のみなさんに、心から敬意を表したいと思います。

さて、先ほどの柳《ゆう》先生の話にも出てきましたが、今から五年前の大震災の日、私は仙台にいましたが、やはり大変に大きな出来事でした。私も震災の後に、数えきれないほど被災地に足を運ぶ機会がありました。また原発の事故のあとを、ぎりぎりまで近づいて見るということも何度も行いました。

私たちは現代という時代に生きています。私たちは、それ以前の世界に生きていた人たちに比べると、比較も出来ないほど物質的には豊かな世界に生きています。しかし、原子力発電の現場に行ってみると、人間というのは大変な力を得たけれども、それは人類を滅ぼすほどの大きな力だということをつくづく実感する、そうしたことがありました。現在は、そうした中で、われわれ自身が創《つく》り出した科学技術をどのように制御《せいぎょ》していくかということが、非常に大きな課題となっていることを痛感しました。

しかし、私たちが現在かかえている問題は、それだけではありません。もう一つ大きな問題として、「心の劣化」とでもいった問題があります。今の日本は、深刻な差別などは確かにありますが、社会的には繁栄しています。しかし、インターネット上での書き込みなどを見ると、とても口に出せないようなこともたくさん書かれている。

　さらに深刻なのは、ナショナリズムの問題です。会場の中には、隣の中国や韓国からおいでになった方もいらっしゃると思います。私は先日も台湾に行き、中国や韓国にも多くの友人がいます。しかし、韓国、中国、日本は、さまざまな島の所有権をめぐって争っています。

　もちろん、昔から土地をめぐって人が争うということはありました。しかし現在のように、人が住んでいない島をめぐって国同士が争う、しかも国同士だけではなく、国民のレベルで、見たこともない人を相手に憎しみ合う、こうしたことはありませんでした。これは非常にグロテスクな、異常な現象だと思います。

　かつて私たち人類が近代《きんだい》という時代に入ったとき――日本で言えば、明治ということになりますけれども――、世界史的に見ると、今から四、五百年前に、世界はいわゆる近代という時代に入りました。そのときに、人類は夢を見たんですね。人間は理性の動物であって、理性を磨いていくことで、どんどんと完成に近づいていくという夢を。人類は夢見ました。そうした中で生活は豊かになり、心もますます豊かになり、理想の社会が実現するという夢を。

しかし、今私たちが置かれている現実を見ると、それとは大分様子が違う。科学技術は発達しました。でも、それは人類が制御できないような段階に入っている。そして理性的なはずの人間は、理性がどんどんと発達するはずなのに、近代以前にはなかったような、無人島をめぐって憎しみ合い傷付け合う、そうした時代になっているわけです。

私は、この深刻な問題は、おそらく文明が進化することで起こってくる問題だと思っています。一方で、社会が発展していないことで起こる問題というのがあり、これは社会が発展すれば解消します。しかし私たちが直面しているのは、原発問題にせよ、ナショナリズムの問題にせよ、文明が進めば進むほど深刻になってくる問題です。では、どうすればよいのか。これはぜひ若い人たちに一緒に考えてほしい課題です。

私が思うに、これらの問題は、今の視点からだけ取り上げて観察していても、どこから生じて、どうやったら解決できるのかが見えてこない問題です。それらは文明化に伴って生じている問題であるがゆえに、近代を超えた数百年、場合によっては、千年を超えるという長い歴史の中で考える視点が必要なのです。

昨年から「人文系《じんぶんけい》の学問は必要ない」という声が大きくなっています。しかし、私は、人文系の学問というのは、ものごとを今の短いスパンではなく、百年、千年のスパンで捉えるところに、その良い点があると思っています。ですから、むしろ人文学の知というのは、こういった問題を考えるために、これからますます必要になってくるはずです。

こちらの学校法人昌平黌《しょうへいこう》は江戸時代の儒学《じゅがく》という東洋の叡智《えいち》をベースに学問をやっていらっしゃる。そして、儒学文化研究所、東洋思想研究所といった研究所を中心に研究と学問を進めている。そうした場所で、こうした問題を人文学の視点から考える方法のきっかけとなるような話ができればよいと思っています。

これから、少し刺激が強い絵が映るかもしれません。ですので、もし耐えられなければ、目をつぶるなり、外に出るなりしてください。

＊

これは江戸時代に遠野《とおの》で描かれた供養絵額《くようえがく》という絵です〔遠野市・光岸寺《こうがんじ》の供養絵額の投影〕。一見《いっけん》するとただの肖像ですが、ここに描かれているのは、死者なのです。明治十年の西南《せいなん》の変《へん》のときに、出兵して戦死した人の死後の絵を描いたものです。死んだ後に、両親がこれはかわいそうだ、せめて死んだ後に幸せにしていることを確認したいということで描かれたというものです。このような絵を描く風習があったんですね。

こちらも同様の供養絵額です〔西来院《さいらいいん》のものを投影〕。こちらには母親と子供が描かれています。この二人も、死者です。右側に掛軸《かけじく》があり、亡くなった時期が書かれています。子供の方が一カ月早く、おそらく出産のときに子供が亡くなり、その後、産後の肥立《ひだ》ちが悪く、子供を追ってお母さんも亡くなったのでしょう。そうした二人の死後の幸せを願うものです。

もう一点、こちらも供養絵額です〔瑞應院《ずいおういん》のものを投影〕。こちらはお母さんと三人の子供が描かれています。かなり立派な部屋の様子ですが、こちらも全員が死者です。このお母さんは子供を次々と産んでいった、でも昔ですから、いろいろなことがあり子供は亡くなり、お母さんも死んでしまった。そして、死後でこのように子供にお乳《ちち》をあげ、子供を育てている絵が、追悼《ついとう》のために描かれるわけです。

もう一点、こちらは常楽寺《じょうらくじ》のものです。男二人、女二人が机を囲む姿が描かれています。死んだ後に団らんする姿です。

以上の絵が示しているのは、死者は死んでいないということです。死者は生きており、これらの場所に行けばいつでも出会える、そうした形で死者が捉えられています。

ここまで取り上げたものは岩手の遠野のものですが、こうした死後の世界を描いた絵は、東北には多く見られます。もう少し紹介したいと思います。

津軽の太宰治の生家のあるところに、川倉《かわくら》地蔵堂というものがあります。ここに「人形堂」よばれる場所があります。たとえばこちらを見てください。男の人と花嫁姿の人形が飾られています。これは「花嫁人形」と呼ばれるもので、結婚できないまま亡くなった男の人が、せめてあの世で伴侶《はんりょ》と共に暮らしているようにという想いで作られたものです。このお堂にある人形というのは、すべてそうしたものです。女性の人形にも名前がついているのですが、すべて架空のものです。

男性の足元におもちゃがあることがわかるでしょうか。ここから、この男性が子供のときに亡くなったことがわかります。しかし、同時に横にお酒が供えてあります。男性は、子供のときに亡くなりましたが、その後遺族は何度もお参りに来る、その間に男性は成長していったわけです。そろそろお酒が飲めるころだ、とお酒が供えられるようになります。ですから、ここでは死者は死んでいないわけです。生者と共に、毎年一歳ずつ年を取っていく、そうした存在なのです。ここに来た人は、このように年老いていく死者と対面し、対話するわけです。

川倉地蔵堂には、もう一つ、二千体のお地蔵さんが奉納《ほうのう》されています。二千というのはすごい数です。このお地蔵さんたちは、青森が江戸時代まで数十年おきに大きな飢饉《ききん》が訪れる地帯だったことに由来するものです。飢饉になると、たくさんの人が死んでいきます。人口の何割という人がいなくなります。何よりも弱い子供がまず亡くなります。そうすると親たちは、飢饉が終わった後に、子供たちを偲《しの》ぶためにお地蔵さんを奉納します。しかし、奉納して終わりではありません。その後、毎年ここを訪れるわけです。そして、このようにお化粧をします。お地蔵さんを自分の子供に見立ててお化粧し、肌をなで、対話し、子供を追悼するのです。

今度は山形県です。山形県東根《ひがしね》市に若松寺《じゃくしょうじ》というお寺があります。ここには「ムカサリ絵馬」というものがあります。これは結婚式の絵馬を描いて奉納するという習慣です。若くして亡くなった男性が描かれていて、左にお嫁さんがいます。こうしたものを奉納して、折々にお参りします。お嫁さんですが、顔は出していません。誰だかわからないようになっています。実在の人は描かないようにしているようです。こちらも同様のものです。こうした絵がたくさん奉納されています。

また、同じ市内に黒鳥観音《くろどりかんのん》という場所があります。山形県内が一望に見渡せるところです。ここにある観音堂に入ると、お堂の中がすべてムカサリ絵馬で埋《うず》められています。男性だけではなく、女性のものもあり、生前の顔が婚礼衣装に合成されている写真も奉納されています。

空間を分かち合うカミとひと

ここまで絵や写真を見て、何を言おうとしてきたのでしょうか。

死者というのは、この世にいないひとのことです。ですから日々忘れられていきます。でも、日本では――実は日本だけではなく世界でもなのですが――死者と積極的に交際するということが行われてきました。現代の常識では、世界には生きている人間しかいませんが、死者というのも世界の中で生きているというビジョンがあったわけです。近代以前の社会を構成するのは死者だけではないのです。人間を超える存在たち、カミ——死者、神、仏、動物、植物——たちが、世界を一緒に構成していたのです。この世界は人間だけが構成しているというのは、近代以降のことです。

だから、たとえばヨーロッパの中世都市に行ってみてください。中心にあるのは教会です。日本でもお寺や神社です。中心にあるのは人間のための建物ではないのです。こうした人間以外の存在が、場合によっては人間以上の役割を果たしていたのが近代以前の社会であり、世界です。

こうした事情を示す例をいくつか持ってきました。

- 「人と対話する動物」(『古事記』『風土記』)
- 「かつては草木が言葉を発した」(『日本書紀』)
- 「国土を産む神」(記紀神話)

これらが近代以前の特徴です。

カミの担った機能

(1) 公共空間の立ち上げ

世界中には多くの民族がいますが、カミがいないという民族はいませんでした。なぜなのか。近代以前の世界では、人間はカミを必要としたということです。私は、これをカミは人間関係を円滑にする「羊水《ようすい》」のような役割を果たしていたと表現しています。

私は大変な田舎《いなか》の生まれです。生まれたときには、水道もガスもない、そうした場所で昭和三十年代に育ちました。そうした田舎の村で何が一番大切だったか。神社のお祭りです。お祭りのときには、小学校が午前中で休みになります。今はないですよね。

大人たちは、カミさまのお祭りのために長い時間をかけて準備をして、誰が命令するわけでもなく、集まってきて、いろいろな話をしながら一つの目的に向かって時間を過ごします。そうした中で、村の中での人間関係ができていくわけです。

さらに、そのような準備の中で、道路や橋などを直したりもします。今では、一緒に出てきて直そうといっても、簡単にはいかないでしょう。しかし「カミさまのために直しましょう」と言えば、それが可能だったわけです。このようにカミは人間と人間の間に入って、公共的機能の維持にとって重要な役割を果たしていたと私は考えています。

（2）境界を支配するカミ

しかし、こうしたカミの働きは、ひととひとの間だけでなく、集団と集団の間、あるいは国家と国家の間にもカミが入ることで、それらの間の争いを和らげるという役割も果たしていました。

人間が住んでいない場所というのは、カミが支配する場所であったわけです。たとえば、その代表的な場所が山です。山は誰か特定の人が所有したり支配したりするのではなく、カミの支配する場所だったのです。マタギと呼ばれる人たちには、山に入るのに厳しい規則があり、獲物を取るにも厳しいルールがあり、一定数をカミさまに捧《ささ》げなければいけない。カミからいただくのであるから、数も守らないといけない。山に入るには、カミの許可をとらなければいけない。そういった形で、所有権などが調整されていたのです。

国家の間でもカミは大きな役割を果たしていました。

沖ノ島という島をご存じでしょうか。福岡県の玄界灘《げんかいなだ》に浮かぶ島ですが、海の正倉院と言われているところです。ここには紀元四~五世紀――日本でいう古墳時代――のお祭りのあとがきれいに残っている貴重な場所です。今、世界遺産に登録しようとしている場所です。

ここでどのようなお祭りをしていたか。日本から中国大陸に渡ろうとする人は、ここに来てカミに祈りました。こうした無人島は人間の支配する場所でなく、カミの支配する場所であり、誰のものでもなく、所有権を主張して醜《みにく》く取り合う場所ではなかったのです。そういった場所で、心を清めて、身体を清めて、カミに静かに祈りを捧げました。

ここのところ揉《も》めているような、無人島が誰のものかという問題は近代のものです。こうした無人島の領有権を主張するというのは近代の発想で、近代以前は誰のものでもなく、カミのものだったわけです。つまりカミは、集団と集団の間、国と国の間の広大なクッションとして、集団の衝突を防ぐものとして、重要な役割を果たしていました。

重なり合う生と死の世界

さて近代以前の世界では、世界の中で、人間とカミが共存し、カミは人間関係のクッションを果たしていたという話をしてきました。

しかし、先ほどの絵や写真で見ていただいたとおり、人間は、また死者とも世界を共有していたわけです。つまり生者と死者の世界は重なり合い、自由に行き来できるものとしてありました。

これは、少し難しいかもしれませんが、平安時代の後半、十世紀後半に当時の知識人（文人貴族）慶滋保胤《よししげのやすたね》が起草した『二十五三昧起請《にじゅうござんまいきしょう》』という文書《もんじょ》があります。この二十五三昧式《しき》というのは、死んだ後に良い世界に行けるように、定期的に集まってミーティングをするというサークルです。毎月十五日に集まって、極楽に行けるように、仏様に祈ります。メンバーの誰かが病気になると、お堂に移して、昼夜の別なく看病して、首尾よく良い世界に生まれ変わることができるようにします。このように、生きているうちから死の世界とかかわっていき、死ぬまでに長い助走期間を設けることを行っていたわけです。

また江戸時代ぐらいになると、亡くなった人を、三十三年、五十年と長く付き合うようになる「弔《とむら》い上《あ》げ」の思想が出てきます。

「盆棚《ぼんだな》」というものがあります。ご存じでしょうか。お盆になるとお墓参りをしますね。そのように死者と長い間対話を続ける。この盆棚というのは、お参りに行くだけでなく、家に亡くなった人を呼んできて、御馳走《ごちそう》したり、お風呂に入れたりするためのものです。今ではすっかり珍しいものになってしまいましたが。

このように、ひとは死んだら終わりではなく、死んだ者とも長くかかわっていく。死者の世界と生者の世界は重なり合っていたわけです。

異形の時代としての近代

近代以前の長い時間において、生者と死者、人間とカミは重なり合って暮らしてきました。しかし、こうした重なり合いは、近代に入りどうなったでしょうか。そうです、近代は、人間以外のものたち——カミや死者——をこの世界から追い出しました。

もちろん、これを悪いとは思いません。人間中心主義のヒューマニズムが、人権——人間の持っている権利——について、大きな貢献をもたらしたことは間違いありません。ですから、近代以前に戻れと言っているわけではありません。

しかし、その一方で、近代はこの世界から人間以外のものを追いやったために、非常に大きなひずみをこの世界にもたらしたのではないか、そう考えているわけです。ひととひとの間にカミがいなくなってしまう、つまり「人間関係の緩衝材《かんしょうざい》の消失」とでもいうべき事態です。だから近代というのは、身体からトゲを生やした人間が狭い箱の中にそのまま押し込められて、少しでも体を動かすと隣の人を傷付けてしまうような場所になってしまいました。

国境紛争も同じです。あのような無人島を自分のものだということは、近代以前にはなかったわけです。ましてや、そうした無人島をめぐって見たこともない人を批判し、中傷し、憎み合い、傷付け合うということはありませんでした。もちろん、近代以前にも別の原因での争いはあったわけですが、こうしたものはなかった。これは、ひととひとの間からカミを追い出してしまったために、ひとが支配する場所が接し合うことになり、一メートルの土地をめぐって、人間同士がぶつかり合うようになってしまったからであるわけです。

それは死者の世界についても同じです。私たちは、この世界から死者を追い出してしまった。昔は、私たちも死ぬ以前から死の世界と深くかかわっていたし、死者も私たちの世界と密接な関係を持っていました。しかし死者をこの世界から追い出し、生きる者たちの世界と死者の世界を完全に切り離してしまいました。これによって何が起こったのでしょうか。

死の世界というのは、真っ暗闇の世界です。誰も行ったことのない恐ろしい世界です。だから、まだ生きている者については当人がどのような状態であっても、一分一秒でもこの世界に引き止めようとする。そのために、死にゆく人は機械に繋《つな》がれて、親族ですら締め出され、最後の瞬間にだけ入ることが許される。呼吸があるうちは真っ暗な死の世界に行かないように、生の世界に留《とど》めようとして、こうしたことが行われてしまうわけです。

ここで興味深い言葉を一つ紹介したいと思います。

岡部健《たけし》医師というターミナル・ケアの分野では有名な先生がいます。二千人ぐらいの方の最期を看取《みと》り、看取り先生とも言われていた方です。そうした先生ですが、自分が癌《がん》になります。そのときに、こうした言葉を残されています。

「がん患者になったとき、痩《や》せた山の尾根を歩いている気分だった。（中略）晴れ渡った右の生の世界には、やれ化学療法だ、やれ緩和医療だ、やれ疼痛《とうつう》管理だとか、数えきれないほどの道しるべが煌煌《こうこう》と輝いていた。ところが、反対側の死の世界に降りて行く斜面は、黒々とした闇に包まれ、道しるべがひとつもないのだ」

（奥山修司『看取り先生の遺言』文藝春秋、二〇一三年）

このように、生の世界にはあらゆる治療の方法がある。ところが反対側の死の世界の方は暗闇で、道しるべが一つもない。人は必ず死ぬはずで、私たちに死は避けられないはずのものなのに、このように死に方は誰も教えてくれないという状況があるわけです。二千人の方を看取ったお医者さんがこのように言われている。

こうした中で、看取り先生は、積極的に宗教的なケア——特定の宗派ではなく、しかし宗教的なケア——を主張されました。どういうことでしょう。たとえば、まもなく御臨終という人は「お迎え」を見ると言われます。亡くなったお爺《じい》さんが迎えに来るとか、亡くなった犬が顔をなめてくれるといった、「ありもしないもの」を見ることです。近代的な立場からは、これは幻覚に違いない、だから薬で止めようということになる。しかし、多くの方を看取っていくと、こうしたお迎えを見た人の方が、安らかに亡くなっていくということがわかります。このように、近代人の眼には見えないものをきちんと認めていくことの大切さを、この看取り先生は主張されています。

＊

今まで述べたことをまとめます。

人間がこの世界の主人公であるという考え方は、比較的最近のものです。それ以前、人間は、カミさまや死者といった、眼に見えないものたちと一緒に世界を構成していました。そして、このことが、人間が生きていくうえで大変に大きな役割を果たしていた。また、そこに人間の大きな智慧《ちえ》があったということです。

ただ、だから宗教を持て、ということを言っているわけではありません。

また、近代以前に戻れ、という意味でもありません。私自身も、朝、カフェの開放的な空気の中で考えごとをしてから仕事に行くという生活を捨てて、近代以前に戻ることはできません。しかし、今私たちが生きている現代社会というのは、人類の長い歴史の中で、ある歪《ゆが》みを持っていることをきちんと認識していく必要があるということです。

近代というのは、この世界から人間以外のものを追い出す社会でした。

しかし、日本というのは、今でも人間以外のものと社会の中に一緒にいるという感覚が比較的強い社会です。たとえば宮沢賢治の世界は、人間と動物たちが同時に暮らし、一つの世界を形作っている世界です。

また、たとえば「草木供養塔」というものがあります〔高野山の画像を投影〕。これは、山仕事をする人が、仕事のうえで草木を切るのですが、そうした草木を「切ってしまってかわいそうだ」と供養する塔です。この考え方は、日本以外では、なかなか理解されないかもしれません。

類似のものはたくさんあり、たとえば、こちらは「タコ供養塔」です。

また、こちらは「実験動物慰霊碑《いれいひ》」です。韓国のものもあり、私は比較研究をしたことがありますが、これは日本から始まり、現在韓国などに広まっているものです。実験動物を供養する、このように人間以外のものを人間と同じ感覚で扱うという感覚があります。

「ゆるキャラ」の逆襲

今回の主題の一つは、現代の問題を考えるときに、長い視野で考える、そうしたときに人文科学というのが役に立つということでした。人文科学は、たとえば看取りといった問題を考えるときに、近代以前の目に見えぬものたちとの関係を考え、彼らとの関係の再構築の必要性を提案することができます。

そろそろ時間になりましたので、最後に一つだけ。今、日本にはキャラクターがたくさんいますよね。たとえば、西国分寺市に「にしこくん」というのがいます。私、実は結構好きなのですが。

では、なぜ日本には、今、このように「ゆるキャラ」が増えているのでしょうか。確かにかわいいです。でもそれだけではないと思います。私は、これは、現代人の悲鳴だと考えています。先ほどお話ししましたように、近代社会では、人間社会から人間以外のものが消え、ひととひとの間に緩衝材がなく、非常にギスギスしている。その厳しさに、私たちはだんだん耐えられなくなっている。だから、もう一度小さなクッションを、ひととひとの間に置こう。それが「ゆるキャラ」なのではないでしょうか。

また、ペットと暮らす人が増えています。これも同様です。たとえば犬がいると、会話がない夫婦も会話ができるようになります。犬や猫は何もしゃべりませんが、そこにいることで、ひとは話すことができるようになります。だからこれも近現代の問題への一つの応答なのですね。

私たちはカミを追いやってしまった。現代人はその窮屈《きゅうくつ》さに耐えかねて、本日言及したようなさまざまな問題が起こり、その解決のために、「ゆるキャラ」やペットたちを引き戻している。人文科学の力として、私たち東北大学は、儒学の長い伝統を受け継ぐみなさんと一緒にこういった問題を長い視野で考え、研究し、協力の道を探していければ良いと考えております。

学校法人昌平黌のますますのご発展をお祈りして、私の話を終わりとさせていただきたいと思います。本日はありがとうございました。

（二〇一六年六月二十二日、いわき短期大学創立五十周年・東日本国際大学創立二十周年記念式典にて）

日本における儒教の歴史と現状、そして未来の可能性

森田実

人間力を磨く

東日本国際大学講演集 II

◉森田　実（もりた・みのる）
1932年静岡県伊東市生まれ。東京大学工学部卒業。日本評論社出版部長、『経済セミナー』などを経て、政治評論家として独立。テレビ・ラジオ・著作・講演など多方面で活躍。中国・山東大学名誉教授、東日本国際大学客員教授。
著書に『公共事業必要論』（日本評論社）、『進歩的文化人の研究』（サンケイ出版）、『森田実の言わねばならぬ　名言123選』『森田実の一期一縁』（第三文明社）などがある。またフェイスブックにてコラム「森田実　世界研究室通信」を連載中。

古代・中世日本における儒教――聖徳太子と十七条憲法

古代から現在までの日本の歴史において、国家・国民の規範《きはん》を示した基本文書は三つあります。一つは西暦六〇四年、聖徳太子によって発布された「十七条憲法」です。二つは一八六八年に明治天皇が宣言した「五箇条の誓文」です。三つは一九四六年に発布した「日本国憲法」です。この三文書のうち、日本の歴史において最も大きな影響力をもったのは十七条憲法です。この十七条憲法には儒教《じゅきょう》の強い影響力がみられます。日本人は、儒教とともに生きてきたのです。

十七条憲法が発布されてから一四〇〇年以上の歳月が流れました。十七条憲法は日本民族に大きな影響をもたらしました。この第一条が「和を以て貴しと為す」です。このあと「さからふこと無きを宗《むね》と為《せ》よ」とあります。「和」こそ日本人の原点なのです。

「和を以て貴しと為す」という言葉は『論語』と『礼記《らいき》』に出てきます。『論語』には、孔子の門人の有子《ゆうし》の言葉として「礼《れい》の用は和を貴しと為す」があります。聖徳太子は「礼の用」を削除して、日本人の生き方の規範にしたのです。この言葉は『礼記』に「礼は和を以て貴しと為す」とあります。『論語』『礼記』とも「和」を「礼」の基本として位置づけていますが、聖徳太子はこの制約を除去したのです。これによって「和」は日本人の生活の規範となりました。

十七条憲法は、聖徳太子が仏教の信者だったため、仏教的教義を政治の規範の基礎にしたとの見方が一般的ですが、私は、十七条憲法の中には儒教の理念がよく反映していると思います。聖徳太子は、仏教と儒教とを総合して、日本の政治の規範にしたのです。十七条憲法は、公的な仕事に携《たずさ》わる役人の規範を示したものですが、それにとどまらず日本人の生き方の規範を示した基本文書となりました。

十七条憲法は次の十七の項目です。

一、和をもって貴しとなせ。
二、あつく三宝（仏、法、僧）を敬《うやま》え。
三、詔《みことのり》をうけたまわればかならずつつしめ。
四、礼をもって本とせよ。
五、むさぼりを絶ち、欲をすてよ。
六、悪を懲《こ》らし善を勧めよ。
七、人それぞれの任をまもれ。
八、役人は早くまいり遅くまでつとめよ。
九、信《まこと》をたいせつにせよ。
十、心のいかり、おもてのいかりをすてて違う考えをもった人をうけ入れよ。
十一、功過を明らかにみて正しい賞罰を行え。
十二、国司・国造は、百姓に苛政《かせい》をしいてはならない。
十三、役人は自分の職掌についてよくわきまえよ。

十四、役人たちよ、嫉妬《しっと》をするな。
十五、私欲をすててみんなのためにつとめよ。
十六、民を使うときは民の都合を考えよ。
十七、大事の決定は独断でせずに多くの人の知恵をあつめて行え。

儒教が日本に入ったのは四世紀頃とみられています。『日本書紀』によりますと、『論語』は応神天皇の時代に百済から伝えられたとされています。その後、聖徳太子が仏教、儒教、法家《ほうか》思想などの思想を総合して、十七条憲法を制定しました。しかし、その後、日本においては、儒教の影響力は衰退しました。

中世に入ると変化が起きました。古代の儒教は漢学でしたが、中世に新しく勃興《ぼっこう》した宋学《そうがく》（朱子学《しゅしがく》）が日本で受容されることになりました。これをもたらしたのは元の侵略から逃れて来日した多くの中国の禅僧たちでした。中世末期には、形は僧ですが思想は儒者というべき禅僧が数多く出現しました。

江戸時代における儒教——朱子学の展開と武士階級

近世の儒学の先頭に立ったのは藤原惺窩《せいか》とその弟子の林羅山《らざん》、松永尺五《せきご》、羅山の批判者の中江藤樹《とうじゅ》らでした。これら近世の儒家は仏教に対して批判的、神道に対しては好意的でした。その後、山崎闇斎《あんさい》の出現によって、朱子学が本格的に日本に受け入れられることになりました。

この時期、儒学の多様な学派が登場します。朱子学派のなかで経験主義的性格の強い貝原益軒《えきけん》、新井白石らの学派、朱子学を批判した熊沢蕃山《ばんざん》、大塩平八郎らの陽《よう》明学《めいがく》派、孔孟《こうもう》の学への回帰を主張した山鹿素行《そこう》、伊藤仁斎《じんさい》、荻生徂徠《おぎゅうそらい》らの学派、など多くの学派を生みました。これらの者は、歴史に名を残した学者です。江戸後期の儒学に最も大きな影響をもたらしたのは荻生徂徠でした。

幕末の政治家、思想家たち（西郷隆盛、高杉晋作、佐久間象山、横井小楠）らはそれぞれ主体的に儒学とかかわりました。朱子学を信奉した者も陽明学を指針とした者もいました。江戸時代を通じて朱子学が儒学の中心を占めました。朱子学、陽明学は武士階級の思想となり、封建社会のイデオロギーとして機能しました。

近代の儒学において中心的役割を果たしたのは、湯島の昌平黌《しょうへいこう》（昌平坂学問所）、各藩の藩校、多くの私塾、寺子屋等の教育機関でした。これらの教育機関によって儒者だけでなく、武士、一般の庶民を教育しました。江戸時代を通じて、国民の知的レベル向上に大いに寄与しました。

明治以後における儒教——西洋思想と儒教

明治初頭、開国の波に乗って西洋思想が日本に入ってきました。西洋思想を日本に紹介する役割を果たしたのが福沢諭吉、津田真道《まさみち》、西周《にしあまね》などの啓蒙思想家でした。これらの思想家は、儒教を封建思想として否定したために、儒教は一時的に衰退しました。これら啓蒙思想家のなかには、儒教とキリスト教を結びつけようとした者もいました。儒教の近代社会における存在理由を証明しようとする者も出ました。

明治政府は、一時、儒教に対して否定的態度をとりましたが、やがて態度を改めました。儒教と西洋の道徳思想を結びつける動きも生まれました。

一八九〇年には後期水戸学の国体思想に基づく「教育勅語」がつくられ、それ以後の教育の基調となりました。他方、明治期になると陽明学が盛んになり、儒教の主流的位置に立ちました。

昭和になり、戦争の時代が到来するとともに、儒教に基づく戦争協力組織もつくられました。戦争への熱を煽《あお》るために『論語』の中の「義を見てせざるは勇なきなり」がよく使われました。孔子と孟子の思想が戦意高揚のために都合よく使われました。

第二次大戦後の儒教——儒教の否定

第二次大戦が終了するまでは、『論語』は漢文の授業の中で教えられていました。漢文の授業で学ぶのは、ほとんどが『論語』の中の言葉でした。この漢文の授業が、戦後廃止になりました。米占領軍は、儒教を古い封建思想だとして斥《しりぞ》けました。儒教は初等・中等教育から除外されました。教育勅語は事実上否定されました。教育基本法の制定以後、戦前の儒教教育は行われなくなりました。教育の中心は欧米思想とくに米国的なものが主流となりました。

論語教育が、公的教育から排除されてから七十年が経ちましたが、しかし、『論語』は日本人のなかから消え去ることはありませんでした。『論語』は日本人の心の中で生き続けました。『論語』は公的部門でなく民間のなかで生き残ったのです。中国の古代思想への日本国民の関心は高く、数多くの中国の古典が出版されました。そのなかでも最も多く出版されたのは『論語』でした。日本国民のなかに定着した儒教思想は若い世代に受け継がれていきました。全国各地に『論語』の私塾が生まれました。これらの私塾によって論語教育は維持されたのです。

二十一世紀日本における儒教の可能性——東洋思想の復活

戦後七十年が経ちました。この間、日本は米国の影響下におかれ、日本の米国化が行われてきました。政治制度、経済システム、教育制度、教育思想、文化、芸術、芸能などあらゆる分野で米国化が推進されてきました。

しかし、戦後七十年を経て、日本国民の多くは、日本の米国化は、結局は、日本人のためにならなかったことに気づきました。とくに最近はびこる米国流の「自分さえよければ思想」への反発は激しいものです。日本人は米国的なもので同化できることには、同化のために努力しました。日本人はひたむきに米国的なものを受け入れようと努力してきました。日本人は米国的なものとの調和に努めたのです。しかし、日本人は最終的には米国化を受け入れて調和することができなかったです。日本人はいま、東洋思想の再認識、再確認に向かって動き出しています。東洋思想の復興こそが今後、日本人が進むべき道であることに気づきました。東洋思想の中心にあるものは儒教と仏教です。東洋思想の再評価に向かって多くの思想家が動き出しています。『論語』は新しい時代の日本人の思想として甦《よみがえ》ることになると思います。

日本人は、もともと日本的思想、仏教、儒教などの中国の思想、欧米の思想を受け入れて、同化するために努力してきました。しかし、いま日本人は、新時代を生き抜くために東洋思想の再構築を追求し始めています。日本人は「自立」に向かって動き始めています。

（二〇一五年八月六日、韓国・成均館大学における第六回「日中韓国際学術シンポジウム」にて）

私という宇宙

地球仏教者たちの
平和へのアプローチ

松岡幹夫

人間力を磨く

東日本国際大学講演集 II

◉松岡幹夫（まつおか・みきお）
1962年長崎県生まれ。創価大学教育学部卒業。東京大学大学院総合文化研究科博士課程修了。博士（学術・東京大学）。東日本国際大学教授。同大学東洋思想研究所所長。
著書に『日蓮仏教の社会思想的展開』（東京大学出版会）、『法華経の社会哲学』（論創社）、『平和をつくる宗教』（第三文明社）、『超訳　日蓮の言葉』（柏書房）、『宮沢賢治と法華経』（昌平黌出版会）、『仏教とお金』（柏艪舎）、佐藤優氏との対談『創価学会を語る』（第三文明社）などがある。

「無我」についての誤解

仏教の基本的な教えの一つに「無我《むが》」がある。古代インドのバラモン教では、人間の我《が》（ātman）がそれ自身によって存在する実体であると考えられていた。これに対し、ゴータマ・ブッダは我の実体視を拒否し、「無我（anātman）」を説いた。

では、ブッダは「人間の自己は無である」という意味から無我を主張したのだろうか。確かに初期の仏教では、人間の自己を独立した実体とみなし、そこに執着することを誡《いまし》めている。けれども、それは自己の本質的な否定ではなかった。

ブッダはむしろ、真の自己の確立を人々に訴えている。彼の遺言の一つに、「自らを島とし、自らをたよりとして、他人をたよりとせず、法を島とし、法をよりどころとして、他のものをよりどころとせずにあれ(1)」というものがある。ブッダにとって、真の自己への帰依《きえ》は「法」への帰依であった。「わたしは自己に帰依することをなしとげた」(2)という彼の言葉の意味も、ここにあったといえる。宇宙の真理たる「法」と一体化した自己——そのように大いなる自己を発見し、自らを実現せよ。ブッダは最後にそう説き残した仏教の無我説は自己の消滅ではなく、自己の本質を探求する教えだったといえよう。

しかしながら、歴史的にみると、仏教の無我は自己の消滅を説く教えとして理解されることが多かった。自己の消滅を無我と考える仏教者は、どうしても個人の主体性を軽視しがちである。そこからは、およそ「責任」の思想が出てこない。キリスト教文明圏と比べると、仏教文明圏では社会正義や人権に関する思想があまり発達しなかった。また、自然と人間の相互依存を説く仏教の信奉者たちが、他宗教の人々に先駆けて現代の環境問題に真剣に取り組むといった姿もほとんど見られなかった。

最も深刻な問題は、個人の主体性を軽視する仏教者が全体主義イデオロギーを抵抗なく受け入れたという歴史上の事実である。第二次世界大戦中、日本の仏教者たちは一部の例外を除いて軍国主義を支持し、積極的に戦争協力を行った。もし彼らが〝仏教は自己の尊厳を説く宗教である〟との認識を持っていたならば、国家のために個人の命を犠牲にする戦争には容易に協力できなかったはずである。

無我は、我の非実体を教える仏教語である。しかし、なぜ我が実体でないかといえば、それがさまざまな事象との関係においてのみ生じているからである。これを「縁起《えんぎ》」という。われわれの自己は実体のない無我であるが、すべての存在との相互関係においては存在している。つまり、無我の教えは、無常という視点に立てば自己消滅の願望を引き起こす思想となるが、縁起という視点に立てば〈相互依存する自己〉を肯定する倫理となる。

また、無我の教えから責任主体の観念を導き出すにも、縁起の視点が不可欠となる。すべての存在が無限につながり合っているのならば、結局のところ全宇宙は一つである。とすれば、すべての存在は一なる全宇宙を本質とする。われわれの自己もまた、その本質は全宇宙である。それを自覚した人、すなわちブッダは、じつは全宇宙が自己の根源的な主体であることを知る。このとき、ブッダは全宇宙となって、ありのままの無常の自己に永遠の本質を見出《みいだ》し、絶対に崩れぬ心の平安を得る。彼は、いうなれば〈私という宇宙〉を発見する。そして、すべての存在を〈私〉と同一視するがゆえに、一切衆生救済の責任を主体的に担い「慈悲《じひ》の実践」に向かうのである。

これから紹介する三人の仏教者たち――ダライ・ラマ十四世、ティク・ナット・ハン、池田大作――は皆、主体的な自己を形成し、慈悲に動機づけられた行動をグローバルに展開している。彼らは、いわば地球仏教者である。そこにみられるのは、まさに〈私という宇宙〉の自覚である。以下、小論では、彼ら地球仏教者たちの平和へのアプローチを取り上げ、今日の仏教が現代世界の和と和解にどれほど貢献できるのかについて検討してみたい。

「宇宙的責任感　a sense of universal responsibility」の開発
――ダライ・ラマ十四世

ダライ・ラマ十四世（Dalai Lama the 14th）は、現代チベット仏教の指導者である。「ダライ・ラマ」とは「大海」を意味するモンゴルの称号であり、代々のチベット仏教の法王を指す言葉になっている。一九三五年、チベットのアムド地方に農家の子として生まれ、幼少期にチベット政府からダライ・ラマ十三世の転生者であると認定された。一九四〇年、四歳の時にダライ・ラマ十四世に即位し、チベットの精神的指導者の地位に就く。同時に、政治的指導者になるための教育も受け始め、一九五〇年から実際にチベットの国家指導を託された。

ところが、一九五一年、中国はチベットを併合する。ダライ・ラマは、一九五九年、インドに亡命を余儀《よぎ》なくされた。その後の彼は、チベット問題の解決に向けて努力する一方、世界各地でチベット仏教の教えを説き、多くの著作を刊行している。さらに、世界平和や自然保護を訴える活動なども熱心に行い、やがてチベットの象徴として広く世界に知られる存在となった。一九八九年にはノーベル平和賞を受賞している。

十七世紀に、法王はチベットにおける宗教と政治の両方の最高指導者になり、それ以後の法王はチベットの政治を司《つかさど》ってきたとされる。現在のダライ・ラマも、長らく世界中のチベット民族に対して政教両面で指導的立場にあったが、二〇一一年、彼は政治的指導者の地位を退くことを表明している。

ダライ・ラマの主張の中で注目されるのは、国際紛争を解決する手段として「非暴力」と「内なる平和」を重視することである。非暴力の道は彼自身の「深い信念」であるだけでなくブッダの教えとも合致している、とダライ・ラマは言う(3)。ゆえに彼は、チベットと中国との間の問題に対して「可能なときはいつでも中国側との協力を、協力不可能なときはいつでも、消極的抵抗を(4)」という態度をとってきた。明らかなごとく、ダライ・ラマの非暴力抵抗は、M・ガンディーの非暴力主義から影響を受けたものである。ダライ・ラマは、自伝の中で「ガンジーこそは、釈《しゃく》尊《そん》の真の弟子(5)」であるとし、次のように述べている。

私〔＝ダライ・ラマ〕は、彼〔＝ガンディー〕が説き教え、そして実践した、非暴力の教えを信ずる不動の信念を持っていたし、いまもなお持ち続けている。いまや私はどんな困難に直面しようと、もっとしっかりと彼の導きに従おうと決心していた。私はいまだかつてないほど、一層強く、暴力行為に決して関係してはならないと決意した。(6)

ダライ・ラマによれば、非暴力抵抗こそブッダ（釈尊）の説いた社会変革の道であり、ガンディーや彼自身はその忠実な実践者となる。しかしながら、ブッダが政治闘争として非暴力抵抗を教えたとする文献や伝承などは存在しない。ブッダは、誰に対しても慈悲や不殺生《ふせっしょう》の倫理を説くのみであった。それによって、人々の精神を変革せしめ、よき社会を作ろうとしたとはいえるが、政治的分野で非暴力を実践したわけではない。この点はガンディーも認めており、自分の政治的な非暴力運動を新しい「実験」と位置づけている。

これに加えて、政治的な「抵抗」もまた、ブッダの思想とは無縁であろう。戦争を止めさせるにしても、直接に非暴力を説くのではなく、権力者にそれとなく暴力の無意味さをさとらせる。そのような方法を、ブッダは用いた。ブッダの平和アプローチは教育的、感化的であった。ガンディーやダライ・ラマが行った抵抗的なスタイルとは異《こと》なる。抵抗といえども一種の対立であろう。対立は怒りを生み、争いを生む。ゆえに、世俗的な変革において、抵抗よりも感化を重視したのがブッダその人であった。

以上のことから、ダライ・ラマの「協力不可能なときはいつでも、消極的抵抗を」といった態度は仏教の平和主義とは似《に》て非《ひ》なるものである。そのために、仏教者らしからぬ政治的対立が度々生じてきたことを、われわれは否応なく認めざるをえない。事実、ダライ・ラマの行動の多くは、中国との「協力」よりも「抵抗」に傾くものだった。一九八九年のノーベル平和賞受賞の記念講演で、彼は中国当局の姿勢を激しく非難した。チベット人は中国によって基本的人権を奪われている、チベット人の六分の一以上が中国による侵略の犠牲者になった、歴史的な建造物も破壊された、抗議運動に参加したチベット人が逮捕され、非人道的な扱いを受けている……。国際社会における、こうしたダライ・ラマの訴えは、中国側の態度を一層硬化させる結果となった。ちなみに、ダライ・ラマは、チベット自治区で頻発したデモ等の抗議行動にも影響を与えていた。たとえそれが非暴力的抵抗であっても、取り締まる側との対立をさらに激化させたのが実情であろう。

ダライ・ラマが行ってきた非暴力抵抗は、戦闘的な非暴力を訴えつつインドの独立運動を指導したガンディーの姿を想起させる。だが、果たしてそれは、ブッダの教えの忠実な実践であるといえるだろうか。ダライ・ラマの非暴力は、仏教者としては抵抗運動に傾きすぎる嫌いがある。仏教者の非暴力は、ブッダがそうであったたように、むしろ感化的な対話を第一義とすべきだろう。「問題や意見の不一致に直面したら、いまの私たちは対話を通じて解決に達しなければなりません。対話が唯一の適切な方法です」(7)。他ならぬダライ・ラマ自身の言葉である。この言葉のとおり、ダライ・ラマは、抗議デモ等の政治的な抵抗運動にもっと慎重な態度をとり、自らも国際社会での挑発的な言動は慎《つつし》むべきではないかと思うのである。

次に、彼が重視する「内なる平和」について考えてみよう。一般に、仏教者は瞑《めい》想《そう》等によって法の真理を悟り、心の平和を確立することを目指す。だがダライ・ラマが強調するのは、世俗を脱した悟りの境地などではなく、社会変革や世界平和を実現するための内なる平和である。内なる平和を実現した人は、周囲の人々と平和に付き合える。そうした人が増えれば、その社会は平和になり、他の社会とも平和的に共存できる。軍事力の抑制も重要ではなくなる。このようにして、内なる平和を起点にして築かれた外なる平和こそが真の平和である。ダライ・ラマはそう訴えてやまない。

豊かな社会、民主主義、地球環境の保全——これらの外なる平和をいかに完全に築き上げようと、人類が内なる平和を確立しなければ、核戦争によって全てが灰燼《かいじん》に帰すかもしれない。真の敵は自分自身の中にいる。ダライ・ラマによる内なる平和の提唱は、仏教倫理が寺院の修行僧の規範《きはん》であるのみならず、現代の地球倫理(global ethics)の基礎にもなり得ることを、われわれに気づかせてくれる。

ところで、ダライ・ラマはなぜ、人類に貢献する仏教を構想できたのか。それは、彼が人格的主体を仏教的に肯定するからであろう。

ダライ・ラマは、無我を主張する仏教においても人格的主体の存在は成立する、と主張する。[8] ハーヴァード大学で講演した際、彼はそのことを次のように説明した。——〈私〉という存在基盤は、自性《じしょう》を欠くという点で〈無我〉である。ゆえに我の常住《じょうじゅう》論は回避すべきである。だが、〈私〉の基盤が他によって生起している、という縁起《えんぎ》の視点から言えば、空《くう》性、すなわち自性を欠いていることの意味は決して虚無《きょむ》論ではない。われわれは中庸《ちゅうよう》の見解をとり、虚無論と常住論という二つの極論から解放される必要がある[9]——。

ダライ・ラマは、縁起の視点から無我を理解することにより、自己の存在を肯定する立場を認めようとした。チベット仏教は、インド大乗仏教の中観《ちゅうがん》派の学説を継承する。この中観派の祖がナーガールジュナ（龍樹《りゅうじゅ》）である。ダライ・ラマは、ナーガールジュナの代表作『中論《ちゅうろん》』の思想に立脚して、無我や空を理解する。『中論』第二四章の第十八偈《げ》は最も重要な箇所といわれるが、そこには「およそ、縁起しているもの、それを、われわれは空であること（空性）と説く。それは、相待の仮説（縁《よ》って想定されたもの）であり、それはすなわち、中道そのものである[10]」とある。縁起するものが空であり中道であるとする見解であり、万物が縁起において「ある」という点を認める立場といえよう。ダライ・ラマの説明によれば、「空とは、すべてのものは他に依存して存在している」ということであり、「まったく存在しないという虚無論も、実体として存在するとする実在論も、どちらも滅しているため、『それは中の道である』と言われている」とする。[11]つまりは、中道的な自己肯定論である。

〈私〉は他に依存して存在する。この中道的な自己肯定を突き詰めていけば、どうなるか。全宇宙の事物は互いに縁起して一つに結びついている。その一なる全宇宙が〈私〉の存在基盤であるとすれば、ダライ・ラマは〈私という宇宙〉を真の人格的主体として認めているといってよい。彼の好きな祈りの言葉の中に、「宇宙が存在するかぎり、意識が存在するかぎり、私も存在する」(12)という、デカルトのコギトを縁起論的に捉え直したような一節がある。〈私という宇宙〉は、デカルトの言う「われ」のように実体的にではなく、縁起的に存在している。そして、それゆえに宇宙のすべてとつながり、全宇宙に広がっているのである。

ノーベル平和賞の受賞講演の中で、彼は、今こそ人類は「宇宙的責任感」を養成する必要があると説いた。「宇宙的責任感」とは、地球という惑星が直面しているさまざまな問題に関して一人一人が持つべき責任感のことである。先ほども述べたが、無我を自己の消滅と考える立場の仏教からは、およそ責任の観念が出てこない。ところが無我を〈私という宇宙〉と考える立場をとれば、他者や社会に対する責任はもとより、人類、自然、地球、究極的には宇宙全体に対する責任の思想が生じてくる。

このように〈私という宇宙〉の視座を持った仏教者のダライ・ラマは、現代世界における高名な仏教者の一人に数えられる。ただ、彼が政治的解決にこだわりすぎる点は、非仏教的に感じられる。また彼は、よく怒りと憎しみを捨てるための瞑想法について講義する。しかし、その内容は難解で一部の知識階層を惹《ひ》きつけるにとどまっている。一人一人が宇宙的責任感を持つことに反対する者はまずいない。問題は、どうすればそれを養成できるかであろう。こう考えたとき、ダライ・ラマが平凡な庶民でも行えるような自己変革の方法を提示できていない、という点には問題が残る。

Engaged Buddhism の提唱と実践——ティク・ナット・ハン

Engaged Buddhism（行動する仏教）を提唱し、世界平和を訴え続けている仏教僧がティク・ナット・ハン（Thich Nhat Hanh）である。

ナット・ハンは、一九二六年生まれのヴェトナム禅の僧侶である。彼が僧院で修行していた頃、ヴェトナムとフランスとの間ではインドシナ戦争が起きていた。そのような中、彼はブッダの教えを弱者救済の行動に移したいと願ったが、僧院での教えや実践は現実の状況に対応したものではなかったという。失望した彼は、結局、僧院を去ることにした。

一九六〇年代に入ってヴェトナム戦争が勃発すると、ナット・ハンは被災者たちのための奉仕活動を開始した。「社会奉仕青年学校」を設立するなど、教育や医療面での奉仕活動を熱心に行ったナット・ハンは、一九六四年に『エンゲージド・ブディズム』を著し、社会にかかわり行動する仏教を提唱するようになった。ところが一九六六年にアメリカで和平提案のスピーチを行ったことが、ヴェトナム政府から反逆行為とみなされ、彼はフランスへの亡命を余儀なくされる。亡命後は、ヴェトナム戦争の終結に向けて積極的に行動し、難民救済運動なども推進した。また、フランスに「プラム・ヴィレッジ（Plum Village）」という仏教コミュニティを作り、彼独自の瞑想法を指導している。さらに多くの著述をものにし、世界各地で講演を行い、グローバルに活動を続けている。

ナット・ハンの言うEngaged Buddhismは、仏教の瞑想や縁起観を社会変革への行動に結びつける点に特徴がある。彼によれば、日常生活における呼吸や歩行に瞑想をとり入れることで、われわれは「気づき（mindfulness）」に満ちた意識的な瞬間を生き、心の平穏を得ることができるという。また彼は、大乗仏典である『華厳経』の「一即多、多即一」の世界観を根拠に「相互存在（interbeing）」という言葉を造語し、世界に広めている。すべての存在は相互に依存しあっている、という仏教的真理を世界中に浸透させることにより、人々の間に他者への哀れみや愛の感情を育てていこうとするのである。「気づき」と「相互存在」は平和と非暴力のキーワードである、とナット・ハンは主張する。

彼がヴェトナム戦争中に作った「相互生存教団」の戒律は、他宗教に対する寛容、慈善と簡素な生活、怒りや憎しみの排除、生命尊重と戦争防止の実践などを定めている。当然、反戦平和の運動に関して、ナット・ハンは非暴力主義を提唱する。「戦争を阻止するためには、私たちが非暴力を育《はぐく》むことです」と彼は訴える。「非暴力を育む」とは「自分自身の中にある暴力と戦争の根を絶やすこと」を意味している。(13) つまり、ダライ・ラマと同じように、内なる平和に基づく非暴力の実践を唱えるのである。

そして、そうした非暴力の実践のために、宇宙的な自己への目覚めを説くところもダライ・ラマと共通している。ナット・ハンによると、われわれは「小さな自己」の内に閉じ込められることで「大きな自己」を破壊しているという。彼は説く。「私たちは、真の自己になる能力をもつべきです。それは、私が、川になり、森になり、ソ連の市民になる能力をもつべきだということです[14]」。万物と一体化した宇宙的自己になる能力の開発、それは、ナット・ハンの言う「相互存在」の世界を見出すことに他ならない。他に依存して相互存在し、相互存在の無限の広がりにおいて宇宙と一体化した自己。ナット・ハンが思い描く「大きな自己」「真の自己」とは、そのようなものに他ならない。すなわち、彼もまた〈私という宇宙〉を目指す仏教者なのである。

しかしながら、ナット・ハンの非暴力の実践には、ダライ・ラマと異なる面もある。

第一に、ナット・ハンの非暴力は、政治的次元よりも精神的次元を重視する。「戦争を防止することのほうが、戦争に抗議することより、ずっと良い[15]」と考えるナット・ハンは、外的な抵抗よりも、人々の内面の平和化に力を注ぐ。日常生活における瞑想も軍備拡大を止めるための「抵抗」である、と彼は言う[16]。ただし、ナット・ハンは、精神的次元から政治的な非暴力闘争へ踏み込むことも否定はしない。その場合、ダライ・ラマが主に言論や外交を通じた政治的闘争を行うのに対し、ナット・ハンは断食（fast）や平和行進（peace walk）等の抗議行動を支持する、[17]といった違いがみられる。

第二に、ナット・ハンは、ダライ・ラマのそれに比べ、より大衆化された瞑想法を作り出している。歩きながらの瞑想法や簡素な呼吸法などは一般人が日常生活で実践できるものであり、ナット・ハンによる説明の仕方も非常に平易である。たとえば、彼が考案した「否定的な感情を認めて変えるための微笑《ほほえ》みの瞑想」は、息を吸いながら自分の心身の痛みを意識した後、息を吐きながらそれに微笑みかける、といったことを段階的に繰り返すものである。[18]また、歩きながら瞑想することの効能も力説してやまない。これは、集中してゆっくり歩き、息を吸ったり吐いたりするあいだに自分が何歩進んでいるかを意識するような瞑想法とされる。[19]ナット・ハンは、深淵《しんえん》な真理を内観《ないかん》する仏教本来の瞑想よりも一種の心理療法的な瞑想を重視し、それによって仏教の実践を社会生活に取り入れようとする。

ダライ・ラマも、瞑想には多くの種類があり、日常生活における瞑想も可能だと述べている。だが、瞑想の完成を非常に困難な道のりと考えるため、集中的な精神修行には公式の瞑想セッションに行くのがよいとする。[20]結局、日常生活での瞑想はさほど強調されず、瞑想の諸段階に関する高度な講義が、ダライ・ラマの仏教の特徴となっている。

一方、それに対してティク・ナット・ハンは、聖者の悟りを目指す瞑想ではなく日常的な「気づき」の瞑想法の開発に力を注いだ。一日中、誰でも、どこでも、簡単にできる瞑想の健康法を仏教的に考え出した。仏教の瞑想を、いわば「心のエクササイズ」に仕立て上げた。いうなれば「仏教の非仏教化」である。これには、従来仏教に無関心だった人々も関心を寄せ始め、近年のナット・ハンは、米グーグル本社で講演するなど、幅広い分野で瞑想指導を行っているという。

とはいえ、瞑想のエクササイズ化という試みが持つ大衆性とは裏腹《うらはら》に、ナット・

ハンが掲げている宗教的な理想はどこまでも峻厳《しゅんげん》である。ナット・ハンが説く「心のエクササイズ」に魅了《みりょう》される人々の多くは、精神安定をはかる瞑想法の行き着く果てに苛烈《かれつ》な自己犠牲が要求されていることに恐らく気づいていない。峻厳な自己犠牲の理想は、極限状態における非暴力の信念の保持という形で明らかにされる。ヴェトナム戦争の時、ナット・ハンとともに奉仕活動を行った多くの同志が殺された。彼はとてつもない苦しみに襲われたが、それでも人々に「あなたが暴力のせいで死ぬとしても、自分を殺した人を許せるように哀れみについて瞑想しなければならない」と説いて回ったという。(21)『忠告』と題する、ナット・ハンの詩がある。少し長くなるが、その前半部分を引用しておきたい。

『忠告』
私に約束してください
今日、私に約束してください

いま、私に約束してください
太陽が頭上にあるあいだに
まさしく天頂にあるあいだに
私に約束してください
たとえ彼らが
山ほどの憎しみと暴力で
あなたを打ち倒しても
たとえ彼らがあなたを虫けらのように
踏みつけ、踏みつぶしても
たとえ彼らがあなたの手足を斬りとり、はらわたを抜いても
忘れないでください、兄弟よ
忘れないでください
人はあなたの敵ではないと

あなたにふさわしい唯一のものは哀れみ——
無敵で、無限で、無条件の、哀れみです
憎しみでは決して対抗できません
人の中の野獣には

（以下省略）(22)

ナット・ハンの瞑想指導によって怒りの心から解放された、そう語る人たちは少なからずいよう。だが、しかし、自分を虫けらのように踏みつぶし、憎悪でバラバラに切り刻もうとする者たちにも哀れみをかける、と「約束」できる人が、果たしてどれほどいるだろうか。そして、かくも過酷《かこく》な信念に多くの人々を誘導するためナット・ハンが瞑想の一般化を試みているのだとすれば、それはもともと脱世俗的なタイプの仏教を、強《し》いて世俗社会にかかわらせようとする行為に他ならない。彼が進める「仏教の非仏教化」の背後にあるのは「社会の脱世俗化」という意図である。

なお、筆者がここで、ナット・ハンの仏教を脱世俗的と称するゆえんは、彼の主張が明らかに世俗の倫理を超脱するからである。世俗社会のルールでは、不当な暴力に対する正当防衛が認められている。仏教においても、世俗社会における正当防衛まで否定する思想はない。ブッダは、脱世俗的な出家教団のルールとして不殺《ふせっ》生戒《しょうかい》の厳守を定めたが、政治的反戦などの社会運動は行っていない。社会的な非暴力闘争は、近代以降に生まれた新たな思想である。また、大乗仏教の伝統には、一闡提《いっせんだい》（仏になる種子を断った極悪人のこと＝筆者注）の仏性《ぶっしょう》をめぐる『涅槃経』の議論のように、人間の絶対的尊厳を認めながら、しかも悪人を断固として裁く思想もみられる。「人間」は許しても「悪人」は許さない、怒りを生かして菩提《ぼだい》を現ずる、そうした自在な実践が大乗仏教には説かれている。ところが、ナット・ハンは大乗仏教徒であるにもかかわらず、あくまで自分を殺す悪人を哀れみ、許せ、と頑《かたく》なに唱えるばかりである。ダライ・ラマと同じく、ナット・ハンもガンディー的な非暴力主義の実践者といえる。だが、彼が仏教的な平和主義者であるためには、世俗と脱世俗の違いを明確化し、世俗社会において智慧《ちえ》の倫理、すなわち状況倫理的なものを認める必要があるように思う。

人間革命と脱イデオロギー——池田大作

創価学会の名誉会長である池田大作は、今の日本で最も社会的影響力を持った仏教者であろう。一九二八年生まれの池田は、少年時代に第二次世界大戦の惨禍《さんか》を体験し、反戦平和主義の信念を育《はぐく》んだ。十九歳で創価学会に入会し、戸田城聖（後の第二代会長）に師事した。創価学会は、十三世紀の日本の仏教僧・日蓮を信奉する在家《ざいけ》仏教団体である。創価学会の草創期に目覚ましい活躍をした池田は、戸田の死後、同会の実質的な指導者となり、一九六〇年、三十二歳の若さで第三代会長に就任した。

池田は、約二十年間にわたって創価学会の会長職を務めたが、この間、創価学会は日本国内で公称八百万世帯を超える会員数を擁するまでに発展する。また、名誉会長になってからの池田は、海外での布教活動にも力を入れた。現在、創価学会員が居住する国は一九二カ国・地域にのぼり、世界各地に一二〇〇万人以上の会員がいるという(23)。

創価学会の仏教思想の最たる特徴は、現世において過去世の悪業をすべて消滅できる、と説くところである。仏教的な業《ごう》の因果論に基づけば、戦争に苦しむ人々は悪業の報《むく》いを受けている。ゆえに、人類が悪業から自由になれれば現世の戦争もなくなるわけだが、一般の仏教思想では、人間が過去世からの悪業の影響を今生《こんじょう》一回で打ち消すのは不可能とされている。そこで、社会的良心を持った仏教者たちは、せめて今以上の悪業を積ませないように「怒りや憎しみの心を捨てよ」と人々に説き、状況打開の唯一《ゆいいつ》の方途として政治的次元での非暴力的抵抗に活路を見出す。ダライ・ラマしかり、ティク・ナット・ハンしかり、である。

ところが、日蓮は〝『法華経』を信ずる人は、すべての悪業を現世で生きているうちに消滅して成仏できる〟と力説した。現象世界を支配するのは原因と結果の法則である。その因果の法則の根元に「因果倶時《ぐじ》」（原因と結果が同時にあること＝筆者注）の法（妙法蓮華経）がある。だから、因果に自在な妙法に帰依し、妙法を自らの生命に顕現すれば、人々は因果の鉄鎖《てっさ》を断ち切り、戦争や災害といった、どうしようもない運命的な災難からも解放される。真に平和な国家をつくるには、正しい法たる妙法を世に立てる以外にない――。これが、日蓮の平和論の核心をなす「立正安国《りっしょうあんこく》」の思想である。

池田は、かかる日蓮の立正安国を信ずる立場から、政治的次元よりも宗教的次元での平和へのアプローチを重視する。池田にとって真の敵は、戦争そのものではなく、戦争の根源的原因としての人間の悪業である。人間が悪業の呪縛《じゅばく》から解放されることを、池田は「人間革命」と呼ぶ。彼が著した長編小説『人間革命』は、「戦争ほど、残酷なものはない。戦争ほど、悲惨なものはない」という言葉で始まる。そして、「一人の人間における偉大な人間革命は、やがて一国の宿命の転換をも成し遂げ、さらに全人類の宿命の転換をも可能にする」とのテーゼが示される。[24]

人間革命は、われわれが悪業の影響から自由になり、真に自立することを意味していよう。一九七〇年代の前半、池田はイギリスの歴史学者A・トインビーと長期にわたる対談を行ったが、その中でこう述べていた。

仏法が教え、また実現しようとしている究極の理想は、人間の本源的主体性を確立することです。それは、各人の宿業に対する主体性であり、社会的・自然的環境に対する主体性でもあります。[25]

人間革命とは宿命の転換であり、それは取りも直さず「人間の本源的主体性の確立」をもたらす。かかる本源的主体性を確立した究極の理想的人格こそ「仏」である。

そして、仏の生命は一個人でありながらも宇宙的な広がりを持っていると、池田は主張する。すなわち、仏とは「宇宙の背後に、また宇宙全体を含んで実在する〝法〟を悟り、その〝法〟と一体化して〝大我〟を得た人格のこと」[26]だという。池田が考える究極の人格は宇宙的な大我を実現した人である。池田は、仏教の大我論に立脚する「宇宙的ヒューマニズム」を広く提唱してきた。彼もまた、〈私という宇宙〉を提唱する現代の仏教者といってよい。

ここで併せて指摘しておきたいのは、池田が掲げる宇宙的ヒューマニズムの大衆性である。創価学会において、人間革命の実践は何も超人的な努力を要するものではない。それは広く一般民衆に開かれているといえる。創価学会員の信仰実践は簡素であり、基本的には日蓮が顕わした曼荼羅《まんだら》本尊に「南無妙法蓮華経」と繰り返し唱えればよいとされている。[27]しかも、日蓮仏教では「世法即仏法」「煩悩即菩提」という法華経的な立場を踏まえ、信仰に励めば日常の行動が自然に仏法化されるので、怒りや憎しみを無理に消滅させる必要もないと説く。創価学会が、世界中で数百万人の会員を獲得できた要因の一つは、こうした易行性《いぎょう》、大衆性にあろう。

当然のことながら、宇宙的ヒューマニズムには利他性《りた》もある。創価学会員が毎朝夕に行う祈りは、「世界の平和と一切衆生の幸福のために」という言葉で締めくくられる。宇宙的自己は万物と一体であり、全生物、全自然と共に幸福にならなければ自分一人の幸福もあり得ない。すぐれて大乗仏教的な幸福論が、創価学会にはある。人間革命を通じて〈私という宇宙〉の視座に立った民衆が、人間社会や地球環境を共生の方向へと導いていく――池田は、そのような世界平和へのヴィジョンを描いている。

ただし、日蓮仏教が運命的な悪の力から人類を解放し、世界に真の平和と幸福をもたらすのだという宗教的確信が強い分、創価学会員は自分の信仰を無認識に批判する勢力に対して激しく反発する傾向がある。第二次世界大戦後の日本社会において、創価学会員のこうした態度は、一般の人々に誤解を与えがちであった。

ところで、池田は人間革命論に基づき、精神的次元での脱イデオロギー的な非宗教的活動も多彩に展開している。池田の脱イデオロギー志向は、いかなる社会体制下でも人間革命をなしうる「人間」がいるかぎり平和で幸福な社会は実現できる、との信念に支えられている。トインビーとの対談の中で、池田は「君主制にせよ独裁制にせよ、あるいは知的エリートによる政治体制にせよ、制度自体はすべて権力に関係する者の姿勢いかんで、善にもなれば悪にもなる」(28)と述べている。人間革命論は一つのイデオロギーではない。それは、あらゆるイデオロギーを世界人類の幸福のために生かしゆく、生命の存在そのものの根源力を信奉する思想、言い換えるなら生命的存在論なのである。

一人の人間革命は万人の人間革命を呼び起こすと、池田は言う。一人の人間革命によって顕現される大きな自己は、その宇宙的な存在の広がりゆえに縁ある人々、最終的には全人類の業に善の影響を与え、その人間革命を促《うなが》さずにはおかない。この考え方からは、真正面から布教活動ばかり行わなくても、人間同士の友好を深めることで人間革命の輪を広げていけるという姿勢が生じてこよう。

したがって、池田は、宗教活動の傍《かたわ》ら、世界平和を目指して各国の政治家、文化人、学者等と積極的に会見を行い、人類的課題についてさまざまに対談を重ねてきた。彼は脱イデオロギーのヒューマニストとして、冷戦時代に東西両陣営の中心的指導者と会うなど、現在までに世界五四カ国・地域を歴訪して対話を行ってきた。

ダライ・ラマは、政治的な非暴力闘争を行う中で共産主義のイデオロギーを批判し、度々国際政治の緊張を作り出してきた。これに対し池田は、イデオロギーのいかんを問わず世界中の指導者たちと友好を深め、分断された世界を結び合わせようとする。彼の対話の仕方は、対決的でもなければ妥協的でもなく、あくまで人間と人間の共感に基づこうとするものである。創価学会では、これを人間主義の対話と称している。

しかしながら、脱イデオロギー的な人間主義の対話外交は、一面では政治的信念に欠けているようにもみえ、この点がしばしば批判の俎上《そじょう》にのせられてきた。そもそも、大規模な核戦争が起きてしまえば、精神的次元からの平和行動の積み重ねも烏有《うゆう》に帰《き》すであろう。そこで池田も、地球的な諸問題に関しては積極的に政治的次元にかかわり、国連中心主義に立ちながら、[29]核兵器の廃絶や地球環境の保護を訴える政策提言を頻繁に行っている。

なお、日本における創価学会は政党を作ったために、一方では「宗教者なのに、精神的次元に専念していない」と非難され、[30]他方では「公明党の政策はご都合主義的だ」と揶揄《やゆ》されることがままある。創価学会が公明党を支援する意義はどこにあるのか。公明党は本当にイデオロギー的理想を持たなくてよいのか。これらの疑問に対し、創価学会は今、より説得力のある回答を示す必要に迫られている。

結論

今日《こんにち》、公共的責任を担おうとする仏教者たちは、「無我」を自己の消滅とは考えていない。彼らは無我を縁起の視点から捉えることによって他者と相互依存する自己を肯定し、そこから仏教的な責任の主体を自覚する。

現代のタイには、「開発僧」と呼ばれる上座部《じょうざぶ》仏教（Theravada Buddhism）の僧たちがいる。彼らは、原始仏教に立ち返って経済至上主義的なタイの近代化の流れを批判し、縁起の理法に基づく共生社会の理想を唱えつつ、タイの各地域で内発的発展（endogenous development）の指導者として活躍している。しかしながら、タイの開発僧たちが真にグローバルな責任感を持って発言し、行動しているとは言いがたい。深刻な国際紛争や地球的規模で起きている環境破壊、貧困、格差、人種差別等の人類的課題に対し、彼らが主導的な役割を引き受けようとする姿は、残念ながらあまりみられない。彼らの自覚は〈無我＝縁起＝社会的自己〉のレベルにとどまる。

他方、無限の利他を掲げる大乗仏教の伝統に立脚して〈無我＝縁起＝宇宙的自己〉の仏教を唱えるのが、小論で取り上げた三人の地球仏教者たちである。彼らは、〈私という宇宙〉の視座から地球全体に対する責任感を持ち、内なる平和に基づく非暴力世界の構築を願って行動する。また彼らは皆、自らが戦争や紛争の被害者であり、それゆえに血肉化された反戦平和主義の信念を形成している。

もっとも、彼らの世界平和へのアプローチは必ずしも一様《いちよう》ではない。内なる平和をともなう非暴力主義を主張する点は、三人とも同じである。しかし、チベット亡命政府の指導者だったダライ・ラマは積極的に政治的領域にかかわり、ティク・ナット・ハンは社会奉仕や抗議行動を好み、池田大作は「宇宙的ヒューマニズム」を標榜しつつイデオロギーを超えた交流と国連支援に熱心である。どのアプローチが最も成功するのか。それを知るには歴史の審判を待つしかない。

ダライ・ラマは、不殺生の仏教的信念を政治的次元に持ち込むことで世界的な賞賛を浴びたが、その攻撃的な政治的態度によって反対勢力と友好的に対話する道を閉ざしている感がある。愛に貫かれたティク・ナット・ハンの思想と行動は、人類の良心に呼びかけてやまないが、その崇高《すうこう》さゆえに大衆性や人命尊重の精神に欠ける嫌いがある。池田大作の脱イデオロギー的な平和行動は分断された世界を結び合わせる力となっているが、逆にその脱イデオロギー性が政治的次元でさまざまな誤解を生む結果となっている。

また、三人の布教態度も異なりを見せている。チベット中観派の難解な理論を欧米の知識人のために噛《か》み砕《くだ》いて解説し、現代文明の諸問題ともリンクさせるダライ・ラマは、「仏教の現代化」を試みたといえるだろう。本来は深淵な悟りの境地を目指す仏教の瞑想修行を一般的な心のエクササイズに仕立て上げ、瞑想の日常生活化を追求するティク・ナット・ハンは、「仏教の非仏教化」を推進している。運命からの人間の自立を意味する人間革命を提唱し、大衆性と利他性を持った教義で社会変革に熱心に取り組む池田大作は、「仏教の社会化」をはかってきたと考えられる。

世界平和へのアプローチ、現代社会とのかかわり方、この両面において、〈私という宇宙〉を唱える仏教者たちの真価は、まさにこれから問われていくことになるだろう。

(1) 中村元訳『ブッダ最後の旅』岩波文庫、一九八〇年、六三頁。
(2) 同右、九七頁。
(3) ダライ・ラマ、木村肥佐男訳『チベット　わが祖国』中公文庫、二〇〇一年（改版）、一三五頁。
(4) 同右。
(5) 同右、一八九頁。
(6) 同右、一九〇頁。
(7) ダライ・ラマ、塩原通緒訳『世界平和のために』角川春樹事務所、二〇〇八年、二一頁。
(8) ダライ・ラマ、三浦順子訳『ダライ・ラマ　愛と非暴力』春秋社、一九九〇年、一二二頁。

(9) 同右、一二五頁。
(10) ナーガールジュナ、三枝充悳訳『中論（下）』レグルス文庫、一九八四年、六五一頁。
(11) ダライ・ラマ、マリア・リンチェン訳『ダライ・ラマの『中論』講義 第18・24・26章』大蔵出版、二〇一〇年、二〇二頁、二〇七頁。
(12) 前掲書、ダライ・ラマ、塩原通緒訳『世界平和のために』一八頁。
(13) ティク・ナット・ハン、塩原通緒訳『あなたに平和が訪れる 禅的生活のすすめ』アスペクト、二〇〇五年、二四九頁。
(14) ティク・ナット・ハン、棚橋一晃訳『仏の教え ビーイング・ピース ほほえみが人を生かす』中公文庫、一九九九年、一〇一頁。
(15) 同右、一四三頁。
(16) 同右、一五八頁。
(17) たとえば、その著『平和はここに始まる』において、ナット・ハンは中東問題の解決のために「パレスチナ人の一グループが集まって、どこか目立つ場所、たとえばニューヨークかパリで、断食を実行したらどうか」と提案し、断食による非暴力的抵抗を勧めている（Thich Nhat Hanh, *Peace Begins Here: Palestinians and Israelis Listening to Each Other* [Berkeley, CA : Parallax Press, 2004], p. 114)。

(18) 前掲書、ティク・ナット・ハン、塩原通緒訳『あなたに平和が訪れる　禅的生活のすすめ』三九〜四〇頁。

(19) 同右、三〇〜三一頁。

(20) 前掲書、ダライ・ラマ、塩原通緒訳『世界平和のために』五九頁。

(21) 前掲書、ティク・ナット・ハン、塩原通緒訳『あなたに平和が訪れる　禅的生活のすすめ』一四三頁。

(22) 同右、一四五〜一四六頁。

(23) 創価学会公式ネット「SOKAnet」(http://www.sokanet.jp/sgi/gaiyo.html)。

(24)『池田大作全集』第一四四巻、聖教新聞社、二〇一二年、一七〜一八頁。

(25)『池田大作全集』第三巻、聖教新聞社、一九九一年、六三二頁。

(26) 同右、五三九頁。
(27) 具体的には、朝夕の二回、自宅に安置した曼荼羅本尊に向かって『法華経』の要品を五分ほど読誦し、後は好きなだけ「南無妙法蓮華経」の題目を唱えることが基本的な修行となる。
(28) 前掲書『池田大作全集』第三巻、四〇六頁。
(29) 国連中心主義に立つことは、政治的次元にやむを得ず踏み込んだ池田が、その脱イデオロギー性を堅持し続けるために必要不可欠であったと考えられよう。
(30) 日本国内では、創価学会を支持母体とする公明党の存在に関して、「政教一致」ではないか、との批判の声がよく聞かれる。しかし、創価学会の社会理想に基づけば、彼らの政治参加は、共生の仏教的エートスを社会に広げる試みの一つにすぎない。それは、宗教的理念とつながっているが宗教活動ではない。公明党が結党されてから、五十一年が経過した。その間、彼らが仏教的な戒律を条例化しようとしたり、政治権力を用いて他宗教の布教を制限しようとしたり、といった動きは、まったくみられなかった。創価学会の政治参加とは、あくまで倫理的に政治にかかわることであった。彼らが初期に提唱した「王仏冥合《おうぶつみょうごう》」の理念も倫理的な政治へのかかわりを意味したと考えてよい。

創価学会員には、世界平和を願う民衆の代表として自分たちが政治に参加するのだ、との意識が強い。ところが反対勢力の側は、創価学会が実際には公明党を布教の手段にしている、と考える。かくして、両者の間には摩擦《まさつ》が絶《た》えないわけである。

（二〇一五年八月六日、韓国・成均館大学における第六回「日中韓国際シンポジウム」にて）

死とホスピタリティ

三浦健一

人間力を磨く

東日本国際大学講演集 II

◉三浦健一（みうら・けんいち）
1990年東京都生まれ。創価大学文学部卒業。北海道大学公共政策大学院修士課程を経て、同大学国際広報メディア・観光学院博士課程在籍。東日本国際大学東洋思想研究所准教授。同大学グローカル人財育成研究所副所長。産業カウンセラー。19歳で物真似芸人としてプロデビュー。テレビ・ラジオ・舞台などに多数出演。

なぜ死を論じるのか

本論の目的を簡潔《かんけつ》に述べたい。それは死の文明としての現代を問い直し、東洋思想の視座を現代に展開していくための土台として、その前提となる西洋における「死とホスピタリティ」の関係性を明らかにしていくことにある。

ホスピタリティとは一般には「おもてなし」や「歓待」といった言葉で表現されることが多く、学術的な定義としては「主人と客人が同一の立場に立って互いに遇すること」(服部:二〇〇四)、「異種の要素を内包している人間同士の出会いのなかで起こるふれあい行動であり、発展的人間関係を想像する行為」(古閑:二〇〇三)などが挙げられるが、hospitality の語源にまで遡《さかのぼ》ると、hotis (味方としての余所《よそ》者)と potis (可能な、能力のある)というラテン語に由来しており、その言葉の原義に主客未分、相互尊重といった意味が込められていることがわかる。また、そうしたホスピタリティに基づく異人歓待、よそ者との饗応《きょうおう》といった営みについては、レヴィナスらが論じているように、洋の東西を越えてあらゆる場所で確認することが出来る。

突然に訪れる全くの他者《たしゃ》を無条件に受け入れ、自らと同じように尊重し、その要求を運命として受容しながら、力の限りにおいて励まし、喜ばせる。歓待における他者は道化として秩序をかき乱すかと思えば、神として啓示《けいじ》を与えて去っていくこともある。しかし、どんな場面においても真実の歓待においては、歓待の内に責任と尊厳ある自己が見出《みいだ》される。その点、ホスピタリティとは時間の幅と他者への広がりを伴った自己変容の過程そのものとも言い得る。

こうしたホスピタリティという思考や態度は、主に隣人や異人に対するものとして表象されてきたが、その存在が最も顕著な形で顕在化されるのは、自己における圧倒的な他者として存在しながら、しかし、不可避な形で自らの人生に内在される「死」という存在によってである。「死と私」の変遷を繙《ひもと》いていくことはまさに、ホスピタリティを繙いていくことに他ならないのだ。

一九九三年、日本とシリアの合同調査隊が約十万年前に埋葬されたとされるネアンデルタール人の化石化した遺体を発掘した。その遺体は身長約八〇cm、二歳前後の男の子と推定され、丁寧な埋葬によって生前の骨格をほぼ完全に備えた状態で見つかった。そこには、子供を失った遺族の悲嘆（grief）や霊性（spirituality）への眼差《まなざ》しが確かに存在していた。このように、人類は古来、死を通してその宗教性を発達させてきたのだ。それはイエス・キリストが自らの死とその復活を以て贖罪《しょくざい》と神との新約《しんやく》を結び、四門出遊《しもんしゅつゆう》(1)の伝承に見られるようにゴータマ・ブッダが死者の姿の中に出家への動機を見出したことなど、例を挙げれば枚挙にいとまがない。その中でも象徴的なのが、欧米圏で育《はぐく》まれたホスピス（hospice）の存在である。

ホスピスは客人を癒《い》やし、保護する場所というホスピチウム（hospitium）というラテン語に由来しているとされる。欧米圏では主に終末医療における緩和ケア(2)を行う施設をホスピスと呼ぶ。このホスピスもまた、ホスピタリティの精神に基づいて育まれたものであり、新約聖書のマルコによる福音書には「群衆や病人や汚れた霊に悩まされる人々を連れて集まって来たが、一人残らずいやしてもらった」と記されている。また中世初期、聖地エルサレムへ向かう巡礼者を看取《みと》る施設として、既にホスピスの存在を確認することが出来、十八世紀には修道女であったマザー・メアリー・エイケンヘッドが、アイルランドで「ホーム」と呼ばれるホスピスをつくり、清教徒《ピューリタン》革命でロンドンを追われた人々にまさしく居場所（home）を提供していたという。

このように、キリスト教文化圏で培《つちか》われてきたホスピタリティの源流は、死の問題を抜きに語ることは出来ない。在野の歴史学者であったフィィリップ・アリエスは「人間は死者を埋葬する唯一の動物」であると述べ、かつ死者礼拝《らいはい》を「無信仰者とあらゆる信仰の信徒に共通した唯一の宗教活動」であると指摘している。

これから西洋における死の歴史や死との向き合い方を明らかにすることで、ホスピタリティの源流に更に足を踏み入れていこうと思うが、その前に、死の持つ両義的機能について充分に説明をしておかねばならない。死の持つ両義的機能とは、(1)死によってわれわれは真の自己を回復するのみならず、(2)他者性とそれに伴う共同体感覚をも獲得する、ということだ。

哲学者のウィトゲンシュタインは「死は人生の出来事ではない、死の直前に人生は終わるのであるから」という、極めて巧みで示唆《しさ》的な言葉を残している。また精神分析学を創始したジクムント・フロイトも「人は自分の死を想像できない。自分の死を想像してみようとするとしてもかならず自分は目撃者として存在している」と、同様の指摘を行っている。彼らが哲学者として、心理学者として、その類《たぐい》まれなる英知と感受性の中で表現しようとしたものは、死の持つ圧倒的な他者性である。人間は死の観念や現実感を他者の死を通して獲得する。

それと共に、アリエスの言葉を借りれば「死は個人を自覚する場」でもある。彼の研究によれば、十二世紀以降に登場した遺言書の存在を通して、個人主義の萌芽《ほうが》を見て取ることが出来るという。遺言書は中世においては、現在のような無機質な法的文書ではなく、一種の文芸のジャンルをなすような個人の表現手段、個人の自覚の証拠そのものであった。それは中世までの飼いならされた死、人間が自然の内に受容してきた慣れ親しい死の中から、集合に埋没していた個を取り戻していった過程の証左《しょうさ》である。こうして中世までの当たり前のものとしての死に対して、人々の間に私は死なねばならないということの自覚が育まれた。この自覚が中世以降、民衆の次元に広がった個人主義の源流である。後に、西洋では個人主義がルネサンス文化を醸成《じょうせい》し、それはメメント・モリ（memento mori 死を想え）として死の宣揚《せんよう》という形式を取ったことに、「死と私」の密接な関係が象徴されている。このことをアリエスはこう述べている。

中世中期における死の勝利と個人の勝利との間の確かな対応関係を見るにつけて、私たちは、今日〈死の危機〉と個人の危機との間に、同じような、しかし逆の関係が存在してはいないかどうか自問したい気になる。(3)

死なねばならないという自覚的な死を通して、われわれは集合に埋没した自己を取り戻すことが可能になるのだ。死を通して自己を取り戻すとは、決して特別なことを言っているのではなく、誰しもが死を意識する時に否応《いやおう》なしに感じる、それ以上分割することが不可能で、誰とも代替することが出来ない、圧倒的な自己の存在のことに他ならない。全米自殺学会の創立者としても知られるE・S・シュナイドマンは、人間における「望ましい死」を以下のように定義している。

（「望ましい死」とは）まず、それぞれが望んでいたような死であり、次に、親しい人びとと心ゆくまで別れを惜しむことのできる死であり、さらに、心残りや苦しみ悩みの少ない死である。一言で言うと、〝望ましい死〟とは、自分で選ぶことができるならば、選ぶであろう死のことであり、それは単に人生の終りを意味するばかりでなく、完成の意味をも含む。(4)

シュナイドマンの定義する望ましい死とは、一言で言うなれば、完成を意味する死である。死が存在することの完成を意味しているのであるとすれば、死を意識しない生というものが、どれほど空虚《くうきょ》なものであるかは推し量るまでもない。しかし同時に、死は完成、つまり終わりであると共に始まりでもある。シュナイドマンは更に「死後の自己」という概念を提唱し、逆説的に最も望ましくない死をこう語っている。

人びとの記憶にとどめられる望みもなく人生を閉じ、忘れ去られ、歴史の記録から抹消され、あたかも存在したことがないかのように死んでゆく。死そのものより耐えがたいのは、このような死をとげることである。(5)

人間は死後も自らの痕跡《こんせき》が何らかの形で他人の心の中に生き続けることを願う。

シュナイドマンはその方法を具体的に五つに分類した。(1)人びととの記憶の中に、(2)美術、音楽、書物などの形で人びとに働きかけることによって、(3)臓器移植によって他人の体の中に、(4)遺伝子という形で子供の中に、(5)哲学的に、宇宙の広がりの中に。このように、死は個人における完成としての終わりを意味すると共に、死後の自己は他者性や共同体感覚を伴った広がりや永続性をも有しているのである。こうした死の持つ両義的機能こそ、ホスピタリティを支える土台となるものと言えよう。

西洋における死の変遷

フィリップ・アリエスの研究によると、西洋においては十一世紀以後、中世の初めより、死に対する態度の変化が一般に始まったとされる。アリエスは古代より続いてきた死への態度を「飼いならされた死」であると表現している。この飼いならされた死の特徴は、（1）人は床について死を待ち、（2）そして死は公《おおやけ》の組織された儀式として取り扱われた、という二点に集約される。そしてアリエスはこう結論付ける。

変化に支配されている世界においては、死を前にしての伝統的な態度は惰性と継続の塊《かたま》りのようにみえます。死をなじみ深く、身近で、和《なご》やかで、大して重要でないものとする昔の態度は、死がひどく恐ろしいもので、その名をあえて口にすることもさしひかえるようになっているわれわれの態度とは、あまりにも反対です。それゆえに、私はここで、このなじみ深い死を飼いならされた死と呼ぶことにしたいのです。(6)

こうした飼いならされた死のもう一つの特徴として、死は慣れ親しいものであったと同時に、死者と生者の場所は隔《へだ》てられていなければならなかったということが挙げられる。こうした現象の背景にあるものは、生者と死者の共存という考え方であり、死者の呪いを恐れるが故に、そこに儀礼や聖職者が介入し、墓所は大切にされてはいたが、生者の場所とは区別されていなければならなかった。後に聖者や権威者などの特別な人物の墓を通じて墓所が教会の中へ、つまり、より身近な街の中につくられるようになっていったことで、死は教会に委《ゆだ》ねられ、墓所と一体化した教会は、日常の中にある避難地として公の中心地になっていったとされる。そして中世以降、聖者や権威者に限られていた墓碑銘《ぼひめい》というものが一般にも浸透し始め、遺言という存在が更に個人という存在を白日《はくじつ》のものとしていくのだが、このことをアリエスはこう指摘している。

自身の死という鏡のうちに、各個人が己の個性の秘密を再発見していたのです。ギリシア・ローマの古代もっとはっきりといえばエピクロス学説がかいま見ていたけれど、その後失われてしまったこの関係は、それ以後われわれ西洋文明

に強い影響を与えることをやめていません。(7)

このような事実は数世紀にわたって蓄積された、西欧における「死の文化」をめぐる文化の豊饒《ほうじょう》さにもわれわれの目を向けさせてくれる。死の文化は中世末には復興を意味するルネサンスに結実し、ルネサンス期にはメメント・モリとして死が盛んに取り上げられ、芸術にも大きな影響を与えていった。

ここで改めて、死の持つ両義的機能を振り返ってみたい。死はわれわれに他者性や共同体感覚を想起させると共に、個人を自覚する場を提供する。ルネサンスにおいて死は死骸《しがい》趣味的なもの、つまり肉体としての死という形で表現された。それは死が個人の人生図の清算の時を担い、生への熱烈な愛、裏を返せば生への強烈な執着に伴う、失敗や幻滅という観念と結びついたからだとアリエスは分析している。(8)つまり、ルネサンスにおける死骸趣味的イメージは、死そのものではなく、死で決算されるところの生への執着、その失敗や幻滅を恐れたことに由来《ゆらい》している。もちろん、「死の舞踏」など、一連の芸術作品は当時大流行したペストなどの大量死も背景にあるわけだが、死が個人の自覚に伴って、特別な意味を持ち始めたことを如《によ》実《じつ》に物語っていよう。

そして十六世紀以降、死はエロティシズムと融合し始め、死骸趣味的エロティシズムを現出していった。それは性というタブーと死が同一視されていったことを意味し、それは人々に死との断絶という歴史的大変化をもたらす。この事実はルネサンスにおいて、死に含有《がんゆう》されていた失敗や幻滅という概念が、更に明確な形で顕在化したことを意味しているという。

こうして十八世紀以降、死は個人のものから家族と教会に託されるようになっていった。遺言書も個人が死と強制的に向き合う場としての役割を失い、単なる法的文書に形を変えていく。つまり、個人が死と向き合う権利を家族と教会に譲り渡したのである。こうした現象は現代においても、教会を病院に置き換えることで理解され得るだろう。そして家族と教会に託された死が育んだものこそ、死者礼拝であった。アリエスは死者礼拝を「肉体に、肉体的外観に結びついた思い出への礼拝」と表現した。死者礼拝は啓蒙主義と工業技術社会の中で発展を遂げ、今ではその起こりが近年であることが忘れ去られるほど定着している。そして十九世紀には一時期、死に対するロマン主義的態度の復興が行われる。アリエスによれば、そうした死に対するロマン主義的態度は「個人主義と自意識の新たな高揚した意味を表現するための徴《しるし》」であった。

こうして十六世紀における死との断絶以降、死は個人から家族と国家社会に託され、死者礼拝や墓地崇拝《すうはい》を生み出すことになった。それはアリエスが指摘するように、個人が啓蒙《けいもう》主義と工業技術社会の中に部品として組み込まれた存在になっていったこと、また生への執着が家族にとっては「肉体に、肉体的外観に結びついた思い出への礼拝」をもたらしていったことを意味している。それらが個人主義を母体とする、西洋における死者礼拝や墓地崇拝の歴史的な背景である。そして十九世紀以降、再び個人を取り戻すために死へのロマン主義的態度として、死が見つめ直されるに至る。そこには裏腹《うらはら》ではあるが、明確な死への恐怖という感情が存在し、その後、死は急激にタブー化され、現在においてもなお、その状況は変わっていない。

飼いならされた死、その後に人類は自らの手で飼いならされた死を克服し、死は個人主義を育む。それらはルネサンスにおいて、死を想うことを掲げた個人の勝利として結実するが、後に生への執着として性との同一視という形で死との断絶を生み出し、また個人が家族や国家社会の中に位置付けられていくに従って、死もまた個人のものから家族や国家社会に委ねられるようになっていった。しかしそうした中で再び揺り戻しとして、個を取り戻すように死が見直されるようになるが、そこには死との断絶の果てに死への恐怖という感情が伴うようになり、その感情は現在に至る死のタブー化へと繋《つな》がっている。

ここまで西洋における死の変遷を振り返ってきたが、次に近代以降のホスピス誕生の歴史を巡りつつ、現代における死のタブー化が意味するものを考えてみたい。

死のタブー化と現代

前述してきたように、西洋における死の変遷は自己というものの認識との連関の中で理解することが出来る。古代ギリシャ、ローマ時代に形作られていった個人主義が、西洋において広く一般化していくのは、アリエスの言うように中世の始まりを待たなければならない。また十六世紀に起こった死との断絶は、十八世紀以降、死への恐怖という感情を生み出し、そうした感情が死への拒絶を生み、個人における死が家族や教会に委ねられ、個人の社会的な地位も変化していった。死を日常や意識の中から遠ざけようという傾向が顕著になっていった十八世紀に、ホスピスの誕生を同時に観察出来るということはとても興味深い事実だ。ホスピスの源流は前述したように、十八世紀の修道女マザー・メアリー・エイケンヘッドがアイルランドで「ホーム」と呼ばれる施設をつくり、清教徒革命でロンドンを追われた人々に居場所を提供していたことに端《たん》を発しているとされる。こうして十八世紀以降、死は家族や国家社会に委ねられ、彼らもまた死を教会、またはホスピスに、そして失敗や幻滅という観念と結びついた死はいつしか、最終的には病院の中に閉じ込められていったのである。

十八世紀以降、われわれが直面した個人の地位の変化において、最も重要な役割を果たしたと言えるのが、欧米における産業革命の始まりであった。産業革命による大きな社会環境の変化に伴って、死は個人の意識からその権利を剝奪《はくだつ》され、死は自然に訪れるものから失敗や幻滅を意味するものに取って代わられていく。その後、ホスピスの伝統が色濃いイギリスにおいてさえ、大多数のホスピスが「救貧院」と名前を変えられ、一つのベッドに幾人もの患者を収容するように、死は向き合うものから、忌避《きひ》されるものへと近代以降その重要性を軽減させ、またアリエスの分析するように、急速な医療技術の進歩に伴って死のタブー化は更に加速していった。そして二十世紀に入ると、社会学者のジェフリー・ゴーラーが論文「死のポルノグラフィー」で述べているように、これまで社会の中で最も大きなタブーであった性の解放が叫ばれるようになる。生はまさに性そのものであり、性と死とはその点、ある種の対応関係にあった。

そうした性の解放と軌を同じくするように、これまで好むと好まざるとにかかわらず、少なくとも身近なもので在り続けた死という存在が、もはや語ることすら憚《はばか》られる存在へとその立場が逆転していく。このことはルネサンスにおいて、死の宣揚が個人の勝利そのものであったことを思い起こせば、死を背景にしない生というものの空虚さは、語るまでもないだろう。この空虚さこそ、現代人が直面した個の危機の本質そのものである。文化人類学者の山口昌男は、こうした現状を「死との対話能力を失いつつある社会」と表現している。また二十世紀以降の死のタブー化について、死生学（thanatology）の権威でもあり、上智大学で長年教鞭《きょうべん》を執っていたアルフォンス・デーケンはこう指摘している。

十九世紀の欧米では、あからさまにセックスを語ることはタブーでしたが、死については比較的自由に論じることができました。それが二十世紀に入ると逆転したのです。（中略）医学界が、死という人智の限界に何とか対抗しようとしているうちに、死のタブー化が一層強まったようにも考えられます。[9]

ミシェル・フーコーらの諸々の研究成果を待つまでもなく、欧米を中心に拡散した死のタブー化は、産業革命以降の社会環境の変動と共に、皮肉なことではあるが、医学の進歩に伴って促進されたとも言えるのだ。[10]

しかし二十世紀も中盤に入ると、人類は第一次、第二次世界大戦という未曽有《みぞう》の戦火を経験し、徐々にではあるが西洋において改めて生と死の問題と向き合い直そうという動きが出始める。それはもう一度、世界に対する責任を有した尊厳ある個というものを取り戻し、死から育まれる他者性や共同体感覚を、対立の彼岸《ひがん》に見出そうという動きに他ならなかったのではないだろうか。そうした胎動《たいどう》は各界に影響を与え、学術界においては「死の社会学」として既述のジェフリー・ゴーラーの「死のポルノグラフィー」が一九五五年に発表され、一九五六年にはアメリカ心理学会で死に関するシンポジウムが開催される。その後、H・フェイフェルの「死の意味」などの研究論文集が話題を呼ぶ。こうした動きに連なるように、欧米では死に関する世論調査も行われるようになり、ジェシカ・ミトフォードの「アメリカ人の死に方」などの研究成果として結実していく。その他、新聞などの各種メディアでも、死に関する話題が盛んに取り上げられるようになったのもこの頃であった。

このような文脈において一九六七年、セント・ジョセフ・ホスピスで学んだ医師シシリー・ソンダースがセント・クリストファー・ホスピスをイギリスに創設し、近代以降におけるホスピスの雛形《ひながた》を形成した。このセント・クリストファー・ホスピスを創設する基になったのはシシリーの述懐によれば、David Tasma という患者が寄付した五〇〇ポンドの寄付金であった。彼は「あなた方のホームの一つの窓になるように」との言葉を残し、その精神は今でも受け継がれているという。このホームという言葉は、十八世紀にみられた救貧院以前のホスピスの原点でもある。つまりこのホームにはアリエスの言う、死を通して個人を自覚し死を通して全ての人を受け入れるという、居場所（home）という示唆が込められている。

そして一九六九年にはエリザベス・キューブラー・ロスが「死ぬ瞬間（On death and dying）」を発表し、アメリカでは一九七〇年に「死の準備教育（death education）」についての最初のカンファレンスがハムリン大学で行われ、生と死の問題は教育現場でも見直されるようになっていった。こうした運動は逆輸入的に医学界にも影響を与えていくことになり、一九八五年にはイギリスに緩和医療学会（Association for Palliative Medicine）が設立され、現在まで続く緩和ケアの土台が築かれていったのである。

これまで、ホスピタリティの源流を明らかにするために、西洋における死の変遷と現代における死のタブー化の流れを整理してきた。死と断絶した社会、死を忌避する社会、その果てにわれわれの「私」もまた危機に陥った。こうして「死と私」

を失った現代社会とはいかなる様相を呈しているのだろう。その病理を鋭敏な感性と言葉で表現した二人の知の巨人、オルテガ・イ・ガセットとエーリッヒ・フロムの研究を概観してみたい。

「死と私」を失った大衆

オルテガとフロム、二人の主著のタイトル『大衆の反逆』、そして『自由からの逃走』はそれぞれ、死を失った二十世紀の病理を社会の面から、個人の面から描写した表裏一体の関係性を示していると言えよう。またオルテガは第一次世界大戦、フロムは第二次世界大戦と、二人とも人類史を塗り替える未曽有の危機を背景に、自らの思索を紡ぎ出していることも大変に興味深い。

西洋が蓄積してきた知性の限りを尽くして、彼らが語ろうとしていたものとは何だったのか。ナショナリズム、共産主義、プロテスタンティズム、カルヴァニズム、ファシズム、自由主義、民主主義、これら人類が生み出していったさまざまな思想的潮流、その支流を辿《たど》っていくと、一つの共通した鉱脈に行きつくことをやっとわれわれは理解しつつある。その鉱脈こそ、これまで論じてきた「死と私」の問題であり、特に二十世紀に出現した「死と私」を失った人類の姿に、その端緒を象徴的に見て取ることが出来る。

オルテガ・イ・ガセットはスペイン生まれの哲学者だ。新カント派や現象学に親しみ、文学的な才能において早熟であった彼の思想は、主著『大衆の反逆』によって集大成されたと言えよう。二十世紀において『大衆の反逆』が持っていた思想的な価値は、ルソーの『社会契約論』、マルクスの『資本論』の果たした功績と並び評されることもある。オルテガは二十世紀初頭に勃発した第一次世界大戦の渦中において、「野蛮《やばん》とは分断への傾向」「暴力は野蛮の大マグナ・カルタ憲章」であると喝破《かっぱ》し、ヨーロッパ統合への進言と予見を行ったのである。

ここで『大衆の反逆』におけるオルテガの主張を整理してみたい。まず、オルテガの言う大衆という概念を明示することから始めよう。大衆と聞くと、一般的には量的な多数派が想起されるであろう。しかし、オルテガの言う大衆とは、誰しもに潜《ひそ》む質的な「大衆性」のことを指している。ここでオルテガの著書における大衆の定義を引用してみたい。

大衆とは、善い意味でも悪い意味でも、自分自身に特殊な価値を認めようとはせず、自分は「すべての人」と同じであると感じ、そのことに苦痛を覚えるどころか、他の人々と同一であると感じることに喜びを見出しているすべての人のことである。(11)

こうした大衆性は、二十世紀においてどのようにして育まれたのであろうか。その原因をオルテガは「時代の高さ」「生の増大」という言葉で表現し、その二つの観念は急速な技術の革新と、自由主義的デモクラシーの発達によってもたらされたとしている。

大衆人、もしくは平均人と呼ばれる人々は、自らの生きている時代がこれまでの歴史において、最も高みに位置していると感じている。それはまるで、ローマは永遠であると思われていたのと同じように、大衆人は無意識に時代の高みにいることを感じ取っている。オルテガの言葉を借りれば、大衆人は「いかなる過去のいかなる生にも憧れていない生」に陥《おちい》ってしまったと言うことが出来る。それはまさに、工業技術の革新がわれわれに与えた優越感そのものであった。そしてこの時代の高みにいるという優越感によって、大衆人は過去との断絶を経験することになる。

自分が過去のどの生よりもいっそう生であると感じるあまり、過去に対するいっさいの敬意と配慮を失ってしまったのである。(12)

このような傾向は視点を変えれば、「過去の総体が今日の人間にとって小さなものになってしまった」ということを意味している。技術の革新によってもたらされた時代の高みにいるという優越感は、過去との断絶をもたらし、そうして大衆人は自らの力に誇りを持ちながらも、運命に対する確信が持てず、自分自身を恐れ、不安を感じずにはいられない存在に自らを貶《おとし》めてしまったのである。

こうしたオルテガによる社会的病理の探究をより内在化し、人間の深部から描写しようと試みたのが、一九〇〇年ドイツに生《せい》を享《う》けた社会心理学者のエーリッヒ・フロムである。多感な青春を第一次世界大戦の渦中で送り、第二次世界大戦の只中《ただなか》に出版された『自由からの逃走』において、フロムは人間が自由になっていく過程を個性化という言葉で表現した。

他人や自然との原初的な一体性からぬけでるという意味で、人間が自由となればなるほど、そしてまたかれがますます「個人」となればなるほど、人間に残された道は、愛や生産的な仕事の自発性のなかで外界と結ばれるか、でなければ、

自由や個人的自我の統一性を破壊するような絆によって一種の安定感を求めるか、どちらかだということである。(13)

フロムは人間がその自我の発達過程における最も原初的で、安定した状態を第一次的な絆《きずな》、また楽園とも述べている。個性化、つまり自由の拡大に伴って人々は、この第一次的な絆を一旦《いったん》消失する。個性の発達や自我の確立はわれわれに、世界との断絶を経験させる。こうして個性化の進展は孤独や不安を掻《か》き立《た》て、自己の役割や人生の意味に対する疑惑を生じさせる。そうした人生に対する疑惑は、個人の無力さや無意味さの感情を募《つの》らせていく。フロムは一度失われてしまった世界との絆はもう取り戻すことが出来ないとし、個性化による不安を解消する方法は、人間との積極的な連帯、また愛情や仕事という自発的な行為によってのみもたらされるとする。しかし、そうした選択が行われなかった場合、自由は強烈な重荷となって、そこからの逃避がさまざまな方法を駆使して行われることとなる。

十六世紀、ちょうど現在まで続く死との断絶が起こり始めるそんな時代。西欧では宗教改革の一大潮流の中で、マルティン・ルターとジャン・カルヴァンという二人のプロテストが、同時代人のチャンピオンとして名を馳《は》せることになった。こうしてこの頃、既に立ち現れ始めた「死と私」を失いつつある大衆を前に、その処方箋《しょほうせん》としての自由からの逃避が試みられ始める。

フロムは二人のパーソナリティを分析しながら、ルターによるプロテスタンティズムの思想を、確実性への羨望《せんぼう》を神への絶対的服従《ふくじゅう》に求めたものであるとし、ルターの思想の持つ「信と疑」の圧倒的な両義性に注目している。そしてルターの思想をこう締めくくっている。

ルッターはひとびとを教会の権威から解放したが、一方では、ひとびとをさらに専制的な権威に服従させた。すなわち神にである。神はその救済のための本質的条件として、人間の完全な服従と、自我の滅却とを要求した。ルッター、、、、の「信

仰」は、自己を放棄することによって愛されることを確信することであった。(14)

ルターの行った宗教改革の、権威化した教会から個人に信仰を取り戻すという大義名分は、その本質において、むき出しにされた個人を教会から直接神の権威に服従させる試みであったというわけだ。

こうしたルターの試みに対し、カルヴァンは「予定説」という独特の信念体系によって自由からの逃走を試みる。(15)カルヴァンの予定説の特徴をフロムは、個人の無力さと無意味であるという感情、人間の意思と努力には価値がないということ、この二つの徹底した強調であるとした。そしてその結果として、人類は救われる人間と永劫《えいごう》の罰《ばつ》に定められている人間とに大別される。この選民思想は後においてナチズムを育むこととなるが、一方、カルヴァンのこうした徹底的な宿命論は、熱狂的な活動と、何かをしようとする衝動の発達を促進し、そのことを、社会学者のマックス・ウェーバーはその主著『プロテスタンティズムの倫理と資本主義の精神』の中で、西欧の資本主義を生み出す原動力になったと分析した。こうした傾向をフロムはこう形容している。

個人は疑いと無力さの感情を克服するために、活動しなければならない。このような努力や活動は、内面的な強さや自信から生まれてくるものではない。それは不安からの死にものぐるいの逃避である。(16)

十六世紀における宗教改革の潮流の中には、自己の徹底的な卑下《ひげ》という共通項を見出すことが出来よう。自己否定によって生まれる良心は、ある種の敵意の現れであるとし、フロムは、自尊感情により醸成される慈悲や愛と明確な区別を行っている。

このような自己の喪失《そうしつ》を、フロムは人類の自動人形化であるとも表現した。ここにおいて、フロムとオルテガの主張は大きく交差する。真実の自己を喪失し、大衆に合わせた「にせの自己」をまとった自動人形化した大衆人は、ナショナリズムや全体主義の内部においては、没我《ぼつが》によって周囲と同化しようと努める。その姿は外に対してはあらゆるものを支配しようとする傾向として現れ、他者を排除し同化させ、取り込んでいこうとする。その果てに、人類は自らの手で肥大化し続ける自分自身そのものを破壊しようと試みるのだ。

確かに人類は、ホロコーストや原子爆弾の投下など、自分自身を破壊する方向に舵《かじ》を切ってきたと言えるし、そうした傾向はいまだに世界を覆《おお》っているようにも思われる。しかし、人類はまた違う道を選択することも出来る。それこそ「死と私」を再び取り戻し、世界との絆を再び結び直すということだ。そのためには、ホスピタリティの源流に今一度立ち返らなければならない。

次項では精神科医で思想家のV・E・フランクル、個人心理学（個性心理学）を創始したA・アドラーらの研究を土台に、われわれが「死と私」を取り戻すとは具体的にどういうことなのか、その詳細に迫ることとする。

責任と尊厳を伴った自己

既述してきたように、死には二つの両義的機能が存在している。まずその一つは、死と向き合うことによって「われわれは死ななければならない」という共同体感覚を獲得することが出来るという点だ。なぜなら死は、フロイトの言うように根本的に他者の死を自らに引き付けて認識されるものであり、なおかつ、古今東西を貫いて遍在している。また死を悼《いた》むという行為はアリエスの指摘するように、宗派性や民族性を超克《ちょうこく》した唯一《ゆいいつ》の宗教的な営《いとな》みでもある。そしてもう一方の側面は、死と向き合うことは尊厳ある自己を自覚する場ともなる、という点である。尊厳ある自己とは、真に一致して統一された個人であり、この世界に対する独自性と一回性を有する、責任ある自己のことだ。

絆という言葉を最近ではよく耳にするようになった。東日本大震災が起こった二〇一一年の「今年の漢字」もまた、「絆」であった。しかし、われわれはどこまでこの絆という言葉を深く理解して使っているだろうか。A・アドラーによれば、全ての人間は三つの絆を持っているとされる。この三つの絆を筆者なりの意訳も加えて表現すると、(1)世界との絆、(2)社会との絆、(3)あなたとの絆、この三つの絆を指している。まず一つ目の世界との絆とは、フロムが第一次的な絆、楽園と呼んだものに相当すると言ってもいいだろう。また、発達心理学における乳幼児期の基本的信頼にも近い概念である。世界との絆をアドラーはこう定義している。

きずなの最初のものは、われわれが他ならぬこの地球という憐れな惑星の上に生きているという事実である。われわれは、われわれのこの居住の場が提示するもろもろの制約や可能性の下で発展していかねばならない。われわれは、また、肉体的にも精神的にも、地球上のわれわれ個々人の生活を継続し、人類の未来を確かなものにしうるような仕方で発展していかねばならない[17]。

そして次に第二の絆、社会との絆についてはこう述べている。

われわれだけが人類の成員ではない。われわれの周囲には他の人々がいるし、われわれは彼らとの交わりのなかで生きている[18]。

こうした第一、第二の絆に対して、アドラーの言《げん》によれば男女、もしくは愛と結婚の問題に属するのが第三の絆である。より特別な他者との絆という意味では、第三の絆は「あなたとの絆」と表現するのが適切であろう。

こうした三つの絆を結んでいくことで、われわれは共同体感覚[19]を持った責任と尊厳を伴った自己を確立していくことが可能となる。アドラーはそうした共同体感覚を更に、仲間感（fellow feelings）と社会的関心（social interest）であると分析している。アドラーのこうした指摘は、フロムが生は動的なものでなければならないとし、オルテガが高貴なる義務（noblesse oblige）の中に生きる意味を見出そうとしている姿勢、また「自分の生は、自分を超える何かに奉仕するのでないかぎり、生としての意味をもたないのである」[20]と述べていることにも相通じている。

そして本論の最後に、精神科医のV・E・フランクルの研究を通して、西洋における死とホスピタリティの関係性を改めて整理すると共に、ホスピタリティという思考と態度の輪郭を明らかにしたい。

フランクルはユダヤ人として生まれ、ホロコーストにおける強制収容所を自らが体験している。その点、まさに彼の思想そのものが、死と創造の表裏一体の関係性を究極的に物語る事実の一つであるわけだが、フランクルの提唱した実存分析の発想の根幹は、全ての可能性や尊厳を剝奪され、ただ死を待つしかないという絶望的な状況に陥った時においても、それでもなお生きることに希望はあるのか、意味はあるのか、価値はあるのか、という問いかけがその土台となっている。

フランクルはまず、価値体系を三つに類型化した。それは創造価値、体験価値、そして態度価値である。この三つの価値体系の違いについて、少し長くなるがフランクルの言葉を引用してみたい。

創造価値は行動によって実現化され、体験価値は世界（自然、芸術）の受動的な受容によって自我の中に現実化される。それに対して態度価値は或る変化しえないもの、或る運命的なもの、がそのまま受け入れられねばならないような場合には到るところ、実現化されるのである。人間がいかにかかる運命的なものを自らに引きうけるかという様式において、計り難く豊かな価値可能性が生じるのである。すなわち創造や人生の喜びの中に価値は求められるばかりでなく、また苦悩においてすら価値は実現されるのである。(21)

上述した三つの価値体系の土台となる根幹の価値として、彼は態度価値を置いている。ホスピタリティの本質とはまさに、この態度価値そのものと言えるだろう。彼はまた態度価値は苦悩において実現されていくものだとし、苦悩はわれわれを無感動という名の心理的凝固《ぎょうこ》から護ってくれていると主張する。そして、生きる意味に対するコペルニクス的転回としてこう綴《つづ》っている。

生命自身が人間に問いを提出するのである。人間は問いを発するべきではなくて、むしろ生命によって問われているものであり、生命に答えるべきなのである。(22)

こうした考え方をフランクルは「運命なき自由は不可能である。自由はただ運命に対する自由でのみありうる」(23)という表現を使い、違った角度からも説明を加えている。こういった意味の問いかけに対する逆説的発想は、強制収容所という極限状態の中で、それでも希望を失うことのなかった人々の姿を通して、フランクルがその奥底にある深い信仰心の発露を感じ取ったと共に、運命に対してなぜを問いかけるのではなく、運命からの問いかけに応えていくという、責任性存在としての尊厳ある自己を感じ取ったものである。

更にフランクルは、苦悩に価値を見出していく根本的な力の源泉を、誰しもが持つ一回性と独自性に裏打ちされた、意識性存在としての尊厳ある自己、言葉を変えれば、生きる意味としての使命を自覚した人間存在に置いているのである。

フランクルは更に、フロイトやアドラーの思想を批判的に発展させつつ、彼らの思想はそれぞれ意識性存在としての自己、また責任性存在としての自己、という一面のみを捉えたものであったと主張する。フランクルは「人間存在は意識性存在と責任性存在を意味する」[24]と述べ、その両義を兼ね備えた存在が人間であるという、基本的な人間観を提示しているのだ。

そして人間は誰人にも替え難い独自性を有し、なおかつ、「今、ここ」という時は戻ることはなく、一人一人の人生は常に一回性を持ち合わせているということが、人間存在の実存の意味を決定的に規定していることを明らかにし、そうした人間が持つ独自性や一回性は、人生に永遠の未完性と自己課題性を付与し、人間が真に意識性存在、責任性存在であるときの「生」は、それ自体でそれ以上還元《かんげん》することの出来ない価値を有しているとした。

こうした思考に基づいてフランクルが提起するところの使命とは、アドラーの提唱した状況価値という考え方を援用しつつ、固定的なものではなく、動的なものであるとされる。たとえとして、固定的な使命を問うということは、将棋の名人に最も有効な一手を問うようなものであり、使命もまた制約によって規定されることを指摘する。またフランクルの言うところの運命とは、一般的な意味での、いかんともし難く受け入れるしか手段のない事柄、とは理解されていない。運命に対して毅《き》然《ぜん》と立ち向かっていく態度により、「その影響を受けつつも克服したり形成したりしながら超越する」(25)ことを繰り返しながら、運命は使命へと変じていくのである。

そうした力強い態度価値、つまり自らの中に一回性や独自性を見出しつつ、運命という名の苦悩を使命へと変じていく力は、死と向き合うことで育まれていくとフランクルは強調する。それは主著『死と愛』というタイトルにも込められた、重要なメッセージである。フランクルは人間を「終末への存在」であると規定し、彼の重要視する人間存在の一回性と独自性はそれぞれ、有限性そのものであるところの死、また人が運命と向き合うことと対応関係にあるとしている。このことについてフランクルはこう述べている。

時間的な有限性としての生命のこの有限性は生命を無意味にしないで、反対にすでにみたごとく死は生命を有意味にするのである。（中略）彼の運命は繰り返されない。何人も彼と同じ可能性を有せず、彼自身もそれを再び持つことは決してない。彼が運命的なものにおいて遭遇する創造的あるいは体験的価値実現の機会や、彼が変更しえなくて態度価値の意味において耐えなければならないものは、すべて独自的であり且《か》つ一回的なのである。(26)

このように、フランクルは死によってもたらされる時間的な有限性が人生に一回性を与え、制約としての運命こそがわれわれ一人一人の掛け替えのない独自性をつくりだし、生の究極的価値と自尊《じそん》感情を育んでいくことを明らかにしたのである。

これまでに援用してきたさまざまな思想家は、思想家であると同時に、自らのホスピタリティに基づいた社会運動家であったことも忘れてはならない。フランクルにおいても、彼は思想家であり、療法家でもあった。だからこそ、彼の提唱した実存分析を確立するという形で、その使命は全《まっと》うされたのだ。フランクルは実存分析の使命をこう述べる。

われわれが患者に或る生命内容を与え、生活の中に目的を見出さしめ、換言すれば、或る使命を見出さしめることに成功するときに初めて、彼らは生命を無条件の価値とみなし、いかなる場合にも意味をもっているものと思うようになりうるのである。生きるべき「何故」を知っている者は殆《ほとん》どすべての「いかに」に耐える、とニーチェは言っている(27)。

死と向き合うことで使命に生き抜く責任と尊厳を伴う自己が育まれる。それこそがホスピタリティの本質である。

このことを机上《きじょう》で述べるのはあまりにも易《やさ》しい。ただそれだけでは、筆者の責任もまた全うし得ないであろう。死は確かに、未曽有の自然災害や戦争の中で顕在化されてくることがある。しかし、そこで生まれる人々の気づきや繋がりが顧みられることがなければ、非日常は漫然《まんぜん》と過ぎ行くに任せるしかなく、死は逆に終末論や厭世《えんせい》主義を振《ふ》り撒《ま》く諸刃《もろは》の剣《つるぎ》にもなりかねないのだ。ただ徐々にではあるが、大きな時代のダイナミズムの中で、人類の文明それ自体がある局面に入ってきたことも事実であろう。文明もまた「終末への存在」でなければならない。

仏教における死生観

終わりに東洋思想、就中《なかんずく》、仏教の視座はどう「死と私」を捉えているのか、という点について簡単に触れておきたい。

ゴータマ・ブッダが残した最期の言葉は「もろもろの事象は過ぎ去るものである。怠ることなく修行を完成なさい」(28)であったとされる。イエス・キリストが磔刑《たっけい》において、自身の死に対する疑問と葛藤を神に問うた姿に対して、ゴータマ・ブッダの最期はあまりにも対比的である。こうした東洋と西洋が育んだ世界宗教の始《し》祖《そ》、それぞれのあまりにも対比的な終末の姿に、東洋と西洋の「死と私」に対する象徴的な思考と態度の違いが見受けられよう。

仏教において生と死は共に、宇宙や生命を貫く根本の法(の状態)として認識されている。このことを違った角度から論じれば、法は生によって始まったものでもなく、死によって終わるものでもない。つまり、この世を貫く根本の法は無始無終の法則であり、道理である。この法を修行によって覚悟していくことにより、生と死を超越した彼岸《ひがん》性を体得すると同時に、生と死に囚《とら》われない此岸《しがん》性をも獲得することが出来る。

ゴータマ・ブッダは常に世の無常を説き、弟子たちの生と死への執着を取り払おうと努めた。しかし、そうした説法の結論はいつも、「今、ここ」において最大限に向上し続けることが大切であるという、生と死に囚われない此岸性の強調で終わっている。つまりゴータマ・ブッダは修行の完成の先に無常観を体得することを教えたかったのではなく、無常観の体得の先にある更《さら》なる修行の実践を奨励したかったのだ。仏教における生と死を超越した彼岸性の強調はあくまで、生と死に囚《とら》われない此岸性を獲得するために語られている。そうした姿勢は若き弟子アーナンダに語ったゴータマ・ブッダの以下の言葉に象徴されていよう。

いかなる修行僧、尼僧、在俗信者、在俗信女でも、理法にしたがって実践し、正しく実践して、法にしたがって行なっている者こそ、修行完成者を敬い、重んじ、尊び、尊敬し、最上の供養によって供養しているのである。(29)

ゴータマ・ブッダが弟子たちに望んでいた最上の供養とは、あくまで日々の怠ることない修行の実践であった。こうした彼岸性と此岸性を透徹した悟りの境地に到達し、その地平から因縁《いんねん》が幾重にも織り込まれたこの世界へと改めて目を向けてみれば、そこには自らの修行を助けた大恩ある一切衆生が煩悩と執着に身を焦がし、苦悩に喘《あえ》いでいる姿が眼前に広がっている。ゴータマ・ブッダは自身に最期の食事を供養した鍛冶《かじ》工の子チュンダに対して、最期の食事を供養してしまったチュンダの深い後悔の念を慮《おもんぱか》りながら、悟りを助けた大いなる果報と功徳があることを賛嘆し、心からの感謝を伝えている。こうして覚者《かくしゃ》（buddha）は涅槃《ねはん》（nirvāṇa）から因縁の地平へと分け入り、如来となり、菩薩となって、自らも苦悩の因縁をあえて引き受けながら、苦悩に喘ぐ一切衆生もまた、仏として誓願《せいがん》を立ててこの世に生まれて来たのだということを明かすために、寸暇《すんか》を惜《お》しまず法を説くのである。

　ゴータマ・ブッダは「わたしは自己に帰依することをなしとげた」[30]と語っているが、生と死の囚《とら》われなき覚者は自身の胸中から引き出された真実の自己にその身を捧《ささ》げていた。無常観の強調を通して奨励された飽くなき修行の実践の中で獲得出来る悟りの境地とは、言うなれば瞬間に湧き起こる不屈の使命感のことである。それこそがゴータマ・ブッダの心に遍満《へんまん》していた真実の自己であり、人々を教え導いた慈悲と智慧《ちえ》の源泉であった。つまり、修行の実践の中には不屈の使命感へと至る悟りの原因とその結果が同時に具足しており、それこそが仏教における彼岸性と此岸性の共存なのである。

　更にゴータマ・ブッダは「お前たちのためにわたしが説いた教えとわたしの制した戒律とが、わたしの死後にお前たちの師となるのである」[31]と述べ、自身の死後においてすら、自らの説いた教えと戒律が師となり、人々を救い続けるであろうことを語り、教えと戒律に基づいたゴータマ・ブッダの振る舞いは、修行僧の集いと聖者の流れの中で未来までも継承されていくことを同時に明かしている。

　ゴータマ・ブッダが胸に抱いていた不屈の使命感とはこのように、終わりと始まりのない生死を貫いた久遠《くおん》からの誓願でもあった。この段階に至って、煩悩や執着は一切衆生を救うための手段となって肯定され、自由自在に生かされ、動的に展開されていく。こうした慈悲と智慧に基づく全体の働きを指して仏とも仏法とも表現されるのだ。このような仏教における悟りの世界観にしっかり立脚してこそ初めて、ゴータマ・ブッダが最期に残した言葉の持つ意味は真に理解され得るだろう。

　ゴータマ・ブッダは仏法者としてその最期の時においてすら、人々にいかにして法を伝えることが出来るのかと想い悩みながら、「死」というものは涅槃の過程を対象化した執着に過ぎないと諭《さと》しつつ、その一方で、人々の死に対する憂《うれ》いを世の無常と修行の奨励を説くための方便としてあえて活用したのである。ゴータマ・ブッダは末期の時において、ゆっくりと段階を踏む様に完全な涅槃へと入っていった。ゴータマ・ブッダは死の過程を弟子たちと共有しながら、死というものが固定的なものではなく、涅槃の過程を断片的に切り取った執着に過ぎないことを感じさせたのである。事実、弟子のアーナンダが師匠の完全な涅槃の時を見誤り、諭される場面が仏典には描かれている。また、ゴータマ・ブッダは死を悼む人々のために遺骨（舎利《しゃり》）を分配してストゥーパ（舎利塔）を建立することを奨励し、師の臨終に際して供物を捧げようとする者に対しては、最大限にその功徳を賛嘆した。ゴータマ・ブッダはこのように、決して頭ごなしに「死と私」への執着を否定しようとはしていない。むしろ肯定し、活用していこうとさえする。

こうしたゴータマ・ブッダの死に対する思考や態度の在《あ》り方を通して、これまで論じてきたような死を肯定するにせよ、否定するにせよ、終末というものを対象として強烈に意識し続けてきた西洋における「死の歴史」とは様相の異なる、仏教における死生観を見出すことが出来るだろう。

死や苦悩を通して責任と尊厳ある自己を確立し、理不尽で不可知な対象に対して、責任と尊厳を共有し合う掛け替えのない存在であるという前提に立ち、葛藤しながらも他者を無条件に受け入れ、見返りのない無償の愛を提供することを至上のものと考えてきた西洋のホスピタリティに対して、仏教における自己同一性(identity)というものは極めて曖昧《あいまい》であるか、時や機に応じて強調もされもするし否定さえもされ得るものだ。

そうした未分化で無分別な自己の中から育まれる慈悲、責任と尊厳ある自己を確立していく中から育まれる愛、こうした東洋と西洋における思考と態度の相違を丁寧に解き起こしていく作業を通して、ゴータマ・ブッダとイエス・キリストの象徴的な臨終の言葉の違いを読み解く鍵が見えてくるだろう。

これよりの更なる知的探究の積み重ねの中で、現代を照らす東洋思想の視座がよりはっきりと明らかとなっていき、混沌《こんとん》とした死の文明のその先に、時代を照らす生命文明という大光が輝いていくことを願いつつ、筆者の新たな挑戦への始まりとして、ここに論を終えたい。

(1) 仏教の開祖、ゴータマ・シッダールタがまだ釈迦族の王子であった頃に、王城の四つの門で老人、病人、死者、修行者に出会い、それを契機に出家を決意したとする伝承。

(2) 緩和ケアとは、癌やエイズなどの治療が比較的に困難とされる病気に対して行われる、身体的、精神的な苦痛を和らげるためのケアのことである。

(3) フィリップ・アリエス『死と歴史 西欧中世から現代へ』伊藤晃・成瀬駒男訳、みすず書房、一九八三年、二四七頁。

(4) E・S・シュナイドマン『死にゆく時 そして残されるもの』白井徳満・白井幸子訳、誠信書房、一九八〇年、三六〜三七頁。

(5) シュナイドマン、前掲書、七三頁。

(6) アリエス、前掲書、二四〜二五頁。

(7) アリエス、前掲書、四九頁。

（8）小松美彦はこうした中世以降に顕在化した死に対する失敗や幻滅といった人々の感情を、「早すぎる埋葬」への恐怖として論じている。そして、「早すぎる埋葬」への恐怖は過程としての時間的、空間的な広がりを持ったこれまでの「共鳴する死」とも呼ぶべきものを、身体に局所化された「個人閉塞《へいそく》した死」へと変貌《へんぼう》させ、更にそうした傾向は十八世紀以降、医学の発達によって顕著に強まっていったことを指摘している。

（9）アルフォンス・デーケン『死とどう向き合うか』日本放送出版協会、一九九六年、二七頁。

（10）ミシェル・フーコーは十六世紀以降、言葉と物とが隔絶されていく「物と語の切り離し」が起こり、人々が道具として他者をまなざすようになったことで、個人におけるアイデンティティの変容がもたらされていったことを論じている。

（11）オルテガ・イ・ガセット『大衆の反逆』神吉敬三訳、ちくま学芸文庫、一九九五年、一七頁。

（12）同書、四七頁。

(13) エーリッヒ・フロム『自由からの逃走』日高六郎訳、東京創元社、一九六六年新版、二九頁。
(14) 同書、九〇頁。
(15) ここで確認しておきたいのは、フロムが指摘する自由の意味とはその本質において、エゴイズムの超克への要請であるということだ。
(16) 同書、九九頁。
(17) A・アドラー『人生の意味の心理学』高雄利数訳、春秋社、一九八四年、四頁。
(18) 同書、五頁。
(19) アドラー心理学においては「協同体」という訳語が使われることも多いが、本論では「共同体」という言葉を使用することとした。
(20) オルテガ、前掲書、八八頁。
(21) ヴィクトール・E・フランクル『死と愛』霜山徳爾訳、みすず書房、一九五七年、一二〇頁。
(22) 同書、七三頁。

(23) 同書、八九頁。
(24) 同書、五頁。
(25) 同書、八九頁。
(26) 同書、八七～八八頁。
(27) 同書、六五頁。
(28) 中村元訳『ブッダ最後の旅』岩波文庫、一九八〇年（二〇一〇年改版）、一六八頁。
(29) 同書、一三五頁。
(30) 同書、一〇二頁。
(31) 同書、一六五頁。

〈参考文献〉

アドラー　A『人生の意味の心理学』高雄利数訳、春秋社、一九八四年。
アリエス　フィリップ『死と歴史　西欧中世から現代へ』伊藤晃・成瀬駒男訳、みすず書房、一九八三年。

オルテガ・イ・ガセット『大衆の反逆』神吉敬三訳、ちくま学芸文庫、一九九五年。
キューブラー・ロス　E『死ぬ瞬間―死とその過程について』鈴木晶訳、読売新聞社、一九九八年。
キューブラー・ロス　E『続・死ぬ瞬間―死、それは成長の最終段階』鈴木晶訳、読売新聞社、一九九九年。
古閑博美『ホスピタリティ概論』学文社、二〇〇三年。
小松美彦『死は共鳴する 脳死・臓器移植の深みへ』勁草書房、一九九六年。
ゴーラー　ジェフリー『死と悲しみの社会学』宇都宮輝夫訳、ヨルダン社、一九九四年。
ゴーラー　ジェフリー『日本人の性格構造とプロパガンダ』福井七子訳、ミネルヴァ書房、二〇一一年。
シュナイドマン　E・S『死にゆく時 そして残されるもの』白井徳満・白井幸子訳、誠信書房、一九八〇年。
新改訳『新約聖書』日本聖書刊行会、一九八八年。

デーケン　アルフォンス『死とどう向き合うか』日本放送出版協会、一九九六年。
中村元訳『ブッダ最後の旅』岩波文庫、一九八〇年（二〇一〇年改版）。
服部勝人『ホスピタリティ学原論』内外出版、二〇〇四年。
フランクル　ヴィクトール・E『死と愛』霜山徳爾訳、みすず書房、一九五七年。
フランクル　ヴィクトール・E『夜と霧　新版』池田香代子訳、みすず書房、二〇〇二年。
フロム　エーリッヒ『自由からの逃走』日高六郎訳、東京創元社、一九六六年新版。
八木茂樹『「歓待」の精神史 北欧神話からフーコー、レヴィナスの彼方へ』講談社選書メチエ、二〇〇七年。
山口昌男『文化と両義性』岩波現代文庫、二〇〇〇年。

（『研究　東洋』第六号所収、昌平黌出版会）

人間力を磨く――東日本国際大学講演集 II

2018 年 3 月 29 日　初版第 1 刷発行

編　者　東日本国際大学東洋思想研究所
発行所　昌平黌出版会
〒 970-8023 福島県いわき市平鎌田字寿金沢 37
tel. 0246（21）1662　fax. 0246（41）7006
発売所　論 創 社
〒 101-0051 東京都千代田区神田神保町 2-23　北井ビル
tel. 03（3264）5254　fax. 03（3264）5232　web. http://www.ronso.co.jp/
振替口座　00160-1-155266
印刷・製本／中央精版印刷　装幀／宗利淳一
ISBN978-4-8460-1717-0

昌平黌出版会の本

東日本国際大学東洋思想研究所編

人間力とは何か

——3・11を超えて

本体1800円

東日本大震災から満5年。心の復興と共に、いま人間力の深化が求められている。第一級の識者8名の熱きメッセージ！　山脇直司、森田実、中野信子、玄侑宗久、孔垂長、小島康敬、片岡龍、二宮清純。

昌平黌出版会の本

「孟子」の革命思想と日本——天皇家にはなぜ姓がないのか

松本健一 著

本体1800円

天皇家にはなぜ姓がないのか、それはいつからなくなったのか。日本国家の成り立ち、天皇制のかたちと「孟子」の革命思想とは密接に結びついている。古代より現代に至る政治思想史を〈革命〉の視点から読み解く驚異の書！

昌平黌出版会の本

人間力回復宣言

吉村作治著

古代エジプトと儒教の知恵に学ぶ、人間力回復の道とは。
「ほんとうの人間力をつけたいと思っているすべての人に勧める。古代エジプトと儒教の知恵が21世紀に甦る。」――佐藤優（作家・元外務省主任分析官）氏推薦。

本体1600円